真宗文庫

地獄と極楽

宮城　顗

東本願寺出版

目次

第一章 善と悪

第二章 等活するもの

第三章　人間として

凡例

一、本文中の引用で、出典が（聖典）とあるのは、東本願寺出版発行の『真宗聖典』を指します。
一、引用文中の旧漢字・旧仮名遣いは現行の字体・仮名遣いに改めました。

第一章 善と悪

一、地獄という言葉の意味

この地獄と極楽という言葉は、宗派を問わず、また仏教徒であるなしにかかわらず、私たち日本人の生活の中にとけこんできた言葉でありますけれども、その大きなもとになっておりますのが、源信僧都（げんしんそうず）の『往生要集（おうじょうようしゅう）』でございます。

源信僧都の『往生要集』が世に出ましてから、それをとおして地獄・極楽という、そういう言葉と申しますか、観念と申しますか、そんなものが私たち日本人の先祖の生活の中に、ずっと流れてきているわけでございます。『源氏物語』などの文芸作品の中にも、『往生要集』をとおして、そういう言葉が出てくるわけですけれども、地獄ということが、江戸時代にとくに実体的に説かれてきたということがございまして、その反動といいますか、明治維新以後、理性的なものの考え方というものが広く入ってくるにつれて、地獄ということが荒唐無稽(こうとうむけい)な、問題にならないナンセンスなものとして、逆に無視されてきたということがあります。

ところが、この地獄という言葉が近年になりまして、ただ仏教徒ということに限らず、いろいろな思想的な立場の方々によって用いられてくるようになりました。たとえば、地獄という言葉が標題についている書物だけでも、いろいろと出版されています。

つまり、今日私どもの生活が、未来へのバラ色の夢というものがもてなくなってきたような、まあ終末論ということもいわれているわけですけれども、その終末ということが、何か心に響く言葉として感じられるような、こんな生活になってきまして、いままで未来へ目を向けて生きてきた私どもが、未来というものから、もう一度、いまというものを見つめなおさなくてはならぬということになってきた。

いま現にある自分の事実をほりさげていくということが、もう一度求められてくるようになりまして、そこに地獄という言葉が、私たちの現実をもっとも深く言いあてる言葉としてよみがえってきている、そういうことがあるようでございます。

地獄というこの言葉自体の意味につきましては、さまざまな経典の言葉を集めた『諸経要集』という書物があるのですけれども、唐時代の「道世」という人が編纂したのでありますが、その『諸経要集』によりますと、地獄の〝地〟について「地とは底なり、いわく下底」と。つまり、私どもの生命のもっとももどん底、存在のもっとも根底ということ。そして〝獄〟とは、結局、「自在を得ず」という意味だそうでございます。

この獄という字の部首は、〝ケモノ偏〟でございますが、このケモノ偏はます。

「犬」を表す。だから〝獄〟という字は、二匹の犬が争い合い、わめき合っているという、そういうことからできた文字だということが辞書に出ております。

けれども、獄という言葉の意味には、「拘局」ということがある。〝拘〟というのは「拘置する」。引き止められる、縛りつけられるということ。それから局は「局限」。局分と申しますか、一つの状態に押し込められるということ。

つまり〝獄〟とは、一つの状態に押し込められ、そこに縛りつけられているという、そのような意味が地獄という言葉です。

二、のがれえぬ現実

そこに「自在を得ず」。つまり、ある意味で自由気ままに夢をのばしていく、そういう私たちの心をいちばん深いところから縛りつけている。私を現にこのような在り方に縛りつけている。そういうものを表す言葉が、地獄という言葉であるといえるかと思います。

ですから地獄について、どこかにそのような場所があるかのように思われるのですが、たとえば『往生要集』の中で源信僧都が、地獄についてお書きになるとき、いちばん中心の、依りどころとしておられる経典が『正法念処経(しょうぼうねんじょぎょう)』でありますが、その『正法念処経』の中に、「汝(なんじ)は地獄の縛を畏(おそ)るるも、これはこれ、汝の舎宅なり」という言葉があるわけでございます。

つまり、地獄というのは、どこか未来の遠いところにある世界ではない。この私が現に生きているこの場である。つまり舎宅というのは、私の具体的な生の場、私が具体的に生きてゆくときの場所であり、そこにおいて私の生命は具体的なものとなる。そういう場が地獄である。〝地獄〟の自覚において、私の生命は、はじめて具体的なものとなる。

このことを、もっとも自覚的な言葉でいいきられたのが、ご承知のように、親鸞聖人の「地獄は一定（いちじょう）すみかぞかし」（『歎異抄』聖典六二七頁）という言葉だといっていいかと思います。

地獄というものが、どこかにあるということではない。私というもののほんとうの相（すがた）を、根底からほりおこしていくところに出会うものが、地獄なのである。ですから、地獄ということをぬきにして私ということはありえない。そういう意味に、地獄という言葉が使われているわけであります。いうならば、私というものが地獄だということですね。私のもっとも主体的なその生の根源が地獄だ。そのような意味に、地獄という言葉は表されているのであります。

ですからある方は、地獄とはのがれえぬ現実世界ということだとおっしゃっておられます。つまり、私どもの現実世界というものを、見きわめるところに出てくる言葉ですね。

地獄とは、そのような意味をもつわけですが、そこにやはり「拘局」というように、そこに拘置される、縛りつけられるという意味があるわけですから、ここに、のがれえぬ現実世界というものの根底に、私どもがこの生命においてもっておりますす罪というものをふまえて、地獄という言葉が出ていることを知らされるのであります。

罪ということと、地獄ということとは、切り離すわけにはいかない言葉なのでありますけれども、ただそこに、それならそれでいったい仏教においていうところの罪とは何か。そういう問いがひとつ出てくるわけであります。

三、世間の善悪

この罪ということと、悪ということ。これは漢訳の聖典におきましては、だいたい同じに使われております。罪という言葉も、悪という言葉も同じ意味にして使われているのでありますが、その悪という言葉ですね、悪とはいったい何か。

善悪ということがあるのですけれども、これはある先生の調べてくださっていることによりますと、悪という言葉は、インドのもとの言葉は一つしかないそうであります。

ところが、善という言葉に関するインドの言葉は四つもあるそうです。善という言葉は、非常にいろいろな意味に使われている。

第一は福徳。善とは福徳を表す。第二には、善とは善美なるもの、うるわしいものを表す。人の心をなごませる。人の心を清くするような、うるわしいもの。第三に、善とは幸福。幸福という意味の文字によっても、善ということが表される。

第四については、いましばらくそのままにしておいて、善という言葉が、いまあげただけでも三つあるわけです。もとのインドの言葉というものが三つある。

それに対して、悪という言葉の方は一つである。つまり、悪という言葉は、ここでいえば三つのすべてを含んでいる。善というときは、こういう面の善、こういう面の善という、いろんな面がみられるということでしょう。

第一の福徳ということに対していえば、悪とは何かといいますと、私どもの生きていく意欲なり、生きていこうとする意欲というものを、損ない、悩ますようなものが悪である。損悩（えんのう）ということ、まあ簡単にいえば、私を苦しめるもの。さらに広くいえば、私が生きていくうえで、私の生命の歩みというものを損ない、悩ますものが悪だと。

それから善美ということに対していえば、醜悪ということでしょう。人の心を清らかにし、たのしい思いにさせる美しいものに対して、人の心を傷つけるような醜悪なもの、醜いものが悪である。第三番目の幸福に対しては、不幸ということがあたるわけです。

善のもとの言葉が三つあるということに対して、悪の意味をみますと、だいたいこの三つのことが見いだされてくるわけです。ですから、善・悪と簡単に申すわけですが、内容は必ずしもそう簡単ではない。簡単ではございませんが、もし一口でいいますなら、人間として嫌悪すべきものということでございましょう。

四、我執をつのる

この三つ、これは共に世間的なところでみられますところの善悪でございます。つまり、世間的な私たち一般の人間としての、その生活を悩ませ、不幸にし、苦しめるもの。その生命を損なうもの、そういうものとして、苦ということもいわれているわけであります。

　世間的な意味ということから申しますと、善ということは、楽ということに結びつくし、悪ということは、苦ということに結びつく。ですから、善因(ぜんいん)楽果(らっか)、悪因苦果(あくいんくか)という言葉がいわれるわけです。どこまでも善といい、悪といい、それは世間の善悪であって、ともにそこに執着がある。

　善といい、悪といい、それは私の楽という〝私の〟ということが根本にあるわけでございますし、そこにつらぬいてあるものは、執着、自分自身に対する執着である。

　ですから、悪はもちろん煩悩におおわれているわけですが、善の方も、これを仏教では有漏(うろ)善といい、煩悩によってけがされている善というのです。有漏というのは、漏は煩悩ですから、煩悩のある善です。どこまでも有漏善だということを、そこに教えられるわけであります。

ですから、インドの釈尊の古い言葉をみますと、善と悪との二つを離れる。悪を離れるだけではない、善をも離れるという言葉があるのです。善と悪とを離れるものは、ほんとうの比丘だと。あるいは、善と悪とを離れて涅槃に入るというような言葉使いが、古い経典に出てくるわけであります。

つまり仏教では、善悪ということを、ただどちらが正しいかということではなくして、その根本に執着ということをみるわけでございます。そこに実は、善の第四番目の意味として、無漏善というもの、つまり、信仰における善というものを表す言葉があるわけであります。これは、出世間の善ということで使われているわけであります。

つまり、こんなことがいわれますのは、いつも申すことでございますが、私たちの人生の争いは、いつも善と善との争いだということですね。私どもの争いというものが、いつも善と善との争いである。善と悪との争いではない。お互いに自分は間違いないという、自分が正しいのだと、お互いに自分の善を主張する。そして、お互いに自分の善を固執することから、争いがとめどもなくおこるのです。けっして映画のように、善人悪人と明確にわかれているのではない。善悪が争い合うというよりも、善と善とが争い合う。そこに、どちらが善ときめることだけで、それだけでけっして人間が幸せになれるものではない。「私の方が正しかったのだ」と、そこでいよいよ我執をつのらせるということがある。

五、たとい正義たりとも

蓮如上人は『蓮如上人御一代記聞書』の中に、「たとい正義たりとも、しげからんことをば、停止すべき由候う」（聖典八七九頁）という言葉をおっしゃっておいでになるわけであります。この場合『聞書』に出てくる〝正義〟というのは、宗教安心に対する正しい理解という意味なのですけれども、しかし、いまはもっと広く世間的に、正義といってもよいわけですね。それがたとえ正義であろうとも、「しげからん」ということは、固執するということです。自分は正義の徒なのだと、自分たちこそ正義の味方なのだと、その自分たちの正義であることに固執する。いいつのるということです。しげからんということは、いいつのり固執する。そういうことは「停止すべき由候う」とございます。つまり、それぞれ自分の正義をいいつのるということが、もっとも他人を悩ませており、大きな争いをひきおこしているのだ。

いつでしたか、学生の内ゲバ（組織の内部での暴力を伴う対立・抗争）で、たしか上野駅のプラットホームで、大学の講師の方が鉄パイプで殴られたということが新聞に出ておりましたけれども、ああいう常識で考えてできないようなことをなぜするのかというような、そういう若い人たちの行動なのですけれども、あの人たちをかりたてているのも、実は、正義という名なのですね。「俺たちは正義のためにやっているのだ」、「世界平和のためにやっているのだ」と。

けっして、世の中を乱すためというわけではない。その正義という名を、私たちはふりかざすことで、実は争いを大きくするし、争いに終わりがなくなるのでしょう。

これは、思想問題から、家庭問題におきましても、お互いに自分の方がというこことがあるわけです。ですから、どちらがよいか、間違っているかというそれだけではない。根本に執着があるならば、我執があるならば、どれだけ善であろうと、それがかえって他人を傷つける。

だいたい常識で考えて、悪いということをやっているものは、非道なことをしていても、どこか心の内に、内心にいたみをもっているものなのですね。ですから、機会があれば改心することも多いのですけれども、自分が正義だという思いにこりかたまっている人は、手がつけようもないということがある。それで、悪よりも正義の方が人を惑わせる。深く惑わすということがあります。どこまでつっ走るかわからない。

ですからそこに、ただ表面上の善悪ということで区別するだけでは、私たちの生活は少しも活(い)きてこないということが、ここに見つけられているわけです。

六、まいらせ心

『蓮如上人御一代記聞書』の言葉に、

「よきことをしたるが、わろきことあり。わろき事をしたるが、よき事あり。よき事をしても、われは法儀(ほうぎ)に付きてよき事をしたると思い、われ、と云(い)う事あれば、わろきなり。あしき事をしても、心中(しんじゅう)をひるがえし、本願に帰するは、わろき事をしたるが、よき道理になる」由、仰せられ候う。しかれば、蓮如上人は、「まいらせ心がわろき」と、仰せらるると云々

（聖典八八九頁）

とあります。まいらせ心ということは、つまり、自分はよいことをしたぞという、それを他人に押しつける。他人に主張する。我は、というまいらせ心があるならば、それが悪い。社会的にみて、善悪という、善いことをしたとか、悪いことをしたとかいう、そのもとにまいらせ心というものが、もっとも深く人を迷わすのです。

これは、心に残りましたので折あるごとにいっているのですけれども、有名な司馬遼太郎という作家が、ベトナムをまわってこられた紀行文の中で、「人間は、正義の名を自分にかかげたときには、どんな残酷なことでもする」ということをいわれております。人間は、「自分は正義の徒である」というように、自分に正義の名をつけたときに、どんな残酷なことでもするもので

ある。正義の名において残酷なことをする。善の名において残酷なことをする。そこで、善悪という問題は、ただどちらが善でどちらが悪かという、そういう区別をいくらしてみても、人間の生活というものには響かないのです。そこにほんとうに私たちを動かしているものは、どちらが善か悪かではない。そういうまいらせ心というものが根底にあるのだということです。そこにまいらせ心を破る善という意味で、無漏善ということが説かれてあるのです。

七、七仏通誡（しちぶつつうかい）の偈（げ）

いったい仏教とはどんな教えかということについて、中国の白楽天（はくらくてん）という詩人が――詩人であると同時に政治家でもあるのですが――ある郡の宰相をしていたときに、自分の領内に有名な禅師――「道林」という名ですが、いつも木の上に寝泊まりして生活しておりましたので、鳥窠禅師というあだ名がついている方です—非常にすぐれた禅師がいるということを聞きまして、白楽天がわざわざ尋ねていって、「いったい仏教とは、どんな教えなのだ」と問うたわけでございます。

すると道林禅師は答えた。これは〝七仏通誡の偈〟として有名です。「諸悪莫作　衆善奉行　自浄其意　是諸仏教」と。「もろもろの悪をなすことなかれ。もろもろの善をつとめおこない、自らその心を浄くせよ。これ諸仏の教なり」、こんな簡単な偈文なのです。

七仏通誡の偈の七仏というのは、なにも七人だけということではございません。おおよそ仏であるならば、誰でもということです。通じて説いているところの心であると答えたというのです。

つまり、悪いことをするな、善いことをせよ、その心を浄くせよ、これ諸仏の教えであると、こう答えたというのです。そうしましたら白楽天が、

「そんな、悪いことをするな、善いことをせよということは、三歳の童子でも知っている」と怒ったのです。すると道林禅師は、「三歳の童子もこれを知っているけれども、八十の老翁もこれをおこないつくせない。ほんとうにそれをできたものは誰もおらんではないか」と、こう答えたということが記されているのです。

その心を浄くせよ。ここに仏教の生命があるわけでございます。悪いことをするな、善いことをせよということだけならば、倫理道徳ということでできるわけでございます。しかし、倫理道徳だけで私たちが自分を保てないのは、ここにいま申しますような、善いことをすれば、そのまいらせ心が他人を傷つけ、また自分を迷わせる。「俺はしたぞ」という思いが、他人からそれを認めてもらいたい気持ちをそこに当然ともないますし、それが認められないと、またいろいろな心の迷いをおこすということもございます。

自らその心を浄くするということは、いかにしてそのまいらせ心を、つまり我執を破るかということです。そして、そのいかにして我執を超えていくかということが、仏教の中心的な歩みになるわけです。仏教各宗のいろいろな行というものも、要するに、自浄其意のための行であるといってもよいわけです。座禅をするのも、山にこもるのも、すべて自浄其意のための歩みである。

八、無明（むみょう）

善悪という問題につきましては、そんなことが思われるわけですが、そこで、悪ということの具体的な名前としましては、十悪ということがかぞえられているわけであります。すなわち、殺生（せっしょう）・偸盗（ちゅうとう）・邪淫（じゃいん）（身業―身におこなう悪）・悪口（あっく）・両舌（りょうぜつ）・綺語（きご）・妄語（もうご）（口業―口におこなう悪）・貪（とん）・瞋（じん）・痴（ち）（意業―こころにおこなう悪）。

この身・口・意の三業にわたっての悪の名前があげられているわけですが、ご注意いただきたいことは、悪ということの表面的な行為のいちばん根底に、〝痴〟つまり無明というものを仏教がみているということであります。いろんな悪行がある。しかし、あらゆる悪行を生み出すもとには無明がある。

無明とはいったい何かと申しますと、因縁の道理に暗いことであり、したがって、我執を意味しているわけであります。因縁の道理というものに眼を開かずに、我という思いに立って、我という思いに執着している。その我執というものを、悪の根源的なるものとして見いだしてきたというところに、仏教の悪に対する認識というものが表されているわけです。

さきほど申しましたように、罪と悪とは、経典におきまして同じように使われているわけですけれども、罪という表現をとりますときにも、その罪のいちばん根源に我執をみる。自分というものへのとらわれですけれども、その我執というものを、罪ということのいちばん深みにみるわけでございます。

「我は」という思いですね、つまり、我執というのは、道理に生かされながらそのことに愚かであるということなのです。キリスト教におきましては、罪ということは神への反逆ということで表されるわけであります。人間をつくった神さまが、これは食べてはいけないと禁止したその知恵の木の実をアダムが食べた。蛇にそそのかされて食べた。つまり、自分をつくってくれた神に背いた。その神に背いたということが、罪だと考えられるわけですけれども、仏教におきましては反逆ではない。自分の本来ある在り方から逸脱と申しますか、はずれているということが罪なのですね。私の本来の在り方からはずれて私がある。自分を固執しているという。つまり、自分自身に背いているということが罪なのである。

仏教におきます罪というのは、けっして神に背くとか、仏に背くとか、何かに背くということではない。自分自身の本来に背いているということです。自分のほんとうの相に背いている。

つまり、自分以外の何かに対して罪があるのではない。自分の生命そのものに対して罪があるということでございます。そういうところに、仏教においていわれます罪の意味がございます。本来に背いている、本来から逸脱しているということです。道理に生かされながら、そのことに無知である。背いている。その、無知・無明ということが、もっとも根源的な罪としておさえられているのですが、そのことが最底下の地獄としての阿鼻地獄として説かれているのであります。

第二章 等活するもの

一、生死一如

私どもが、自分の生命(いのち)の事実に背き、逸脱した在り方をしているということは、言い換えれば、大きな矛盾をかかえた在り方をしているということであります。人間みな、それぞれに幸せを願って暮らしてきているのですが、しかもその結果が、いよいよ自己を失い、不幸になってきているということもまた、私たちの在り方、生き方そのものの中にかかえられている矛盾によることであります。

つまり、私どもの生は深く矛盾をかかえているのですが、その矛盾のもっとも具体的で肉体的な事実が、〝他の生命を奪わなくては自分の生命を保てない〟ということであります。私どもの生が殺によって保たれているということ、これはもっとも具体的な矛盾であります。つまり、私が生き続けているということは、他の生命を殺し続けていることだということです。

そこに、生というものを考えますときには、死ということと同時に、殺ということを考えなければならない。つまり、生は一面に死をかかえ込んでいるとともに、一面、殺によって保たれているものだという事実がある。

生と死の関係、これは仏教の言葉で、生死一如という言葉がございますように、けっして背き合う関係ではないのです。死ということをほんとうに考えるということが、すなわちほんとうに生きるということを考えることである。

自分が死ぬということを、ほんとうに身に自覚することが、自分の生というものをほんとうに大事に生きようとする心につながるわけでありまして、私の心に残っております言葉で申しますと、京都大学の田中美知太郎という先生は、「死の自覚が生への愛だ」と、このような言葉をおっしゃっておられます。自分が死ぬということを自覚していくとき、ほんとうに自分の生というものを大事に生きようとするのであります。

こちらへ来ますとき、汽車の中で週刊誌を見ておりましたら、映画批評欄に黒沢明氏が作りました『生きる』という映画が、リバイバルとして新しく再映されるという記事がございました。

ごらんになった方もおいでかとも思いますが、区役所の課長をしておりました主人公が、癌(がん)の宣告を受ける。宣告を受けてから、いままでただ機械的にベタベタはんこを押していたそれだけの自分の人生にむなしさを感じて、それまで何度陳情を受けておってもいい加減に聞き流していた、子どもたちのために街に遊園地を造るという、そのことに必死にとり組みはじめる。自分が生きていたという、生きたということのあかしですね。そういうものをほんとうに残したいということで、必死になってその遊園地造りに努力する。そして、いろいろなことがありまして、最後にやっとその遊園地が出来上がって、雪の降る夜、遊園地のブランコにひとり腰かけて、「いのち短し恋せよ乙女」と唄う。当時観た私には、非常に感動的なシーンでございました。

その映画もやはり、死の自覚が生への愛だという、まさにそのことの一つの具体的なすがたを黒沢明氏が描いていたわけなのですけれども、その週刊誌では、評論家が批評するのではなく、それを観た人たちの感想がまとめられていたのですが、若い方のすべてが「やりきれない」と書いているのですね。これはだいぶ違うなと思いました。いまは、あんなしんどいことから顔を背けていたいという。とても感動なんてことはしない、と出ておりまして、なるほど今日の考え方になにかふれたような感じがしたのです。

それはともかくとしまして、そのように私どもが、自分が死ぬということをどこかで油断している。どこかで曖昧(あいまい)にしている。自分が死ぬということを、ほんとうに曖昧にしておりますときには、生きるということも曖昧になっているときでございます。

二、生と殺

ですから、私どもにとりましてほんとうに死というもの、自分が死ぬのだということを見きわめ、見つめますときに、生というものがかけがえのないものとして大事になってくる。死を考えることは、けっして生の否定ではない。かえって、生をほんとうに人間の生として生きることである。

死を考えることが、実は、生を生として生きることだという、そういう関係にあるわけですけれども、〝生―殺〟の方は、そのようなわけにはいかんのですね。殺を考えることが、いよいよ生を生として考えることだというわけにはいかない。生命というものは、いかなる生命であれ、他に食われるためにある生命なんてものはないわけでありまして、どんな生命であれ生きたいという、その意欲といいますか、生きようとしてあるものが生命なのですね。どんな小さな生命であろうと、その生命の重さは等しい。

これは有名な物語でございますが、龍樹大士の『大智度論』などにも出ております、「シビ王の物語」という、もっと具体的に申しますと、鳩と鷹の物語なのですが、鷹に追われた鳩が行者（シビ王）のところに逃げ込んだ。行者はその鳩をたすけようとする。すると、追いかけてきた鷹が行者に向かって「あなたは鳩をたすけて、よいことをしたと思っておられるかもしれないが、それならば、鳩を食べなければ死んでしまう私の生命はどうしてくれるのか。鳩の生命をたすけるということは、この私の生命を殺すということなのだ。それはどうなるのだ」と、こうせまった。

それで行者は非常に困りまして、妥協案を出した。「それでは仕方がない。鳩と同じ重さだけの私の肉をおまえにやろう」と。小さな軽い鳩ですから、まあ、どこの肉を削るにしましても、そうたいして削らずともよいと思って、自分の肉を削りとって、はかりにのせてゆくわけです。

三、生命の重さ

けれどもいくらのせても鳩とつり合わない。鳩の方が重いのですね。最後に、行者がその全身を投げ出したときに初めて、はかりがつり合ったという、そんな物語がだされております。

つまり、どんな生命であろうと、その生命はそのものにとってかけがえがない。どんな小さな生命であっても、その生命そのものにとっては、全世界と同じ重さの生命をもっているわけですね。どんなちっぽけなものであろうと、生命の重さは平等です。生命の重さは等しい。虫の生命は小さくて、人間の生命は重いと、そういうわけにはいかない。

どれだけ自分の肉を削りとっても、そんな片手間でたすけられるものではない。片手間で取り引きのできるものではない。そこに、いかなる小さな生命であろうとも、その生命の重さは等しいということに立ちますとき、その生命を奪わなければ、我々は自分自身の生命が保てないということが、大きな矛盾として迫ってくるのであります。かといって、殺生をやめれば、今度は自分の生命を殺すことになるのです。自分の生命を保とうとすれば、他の尊い生命を奪わなければならない。これは逃げようのない矛盾でございます。うまく解決するというわけにはいかない。

普段私たちは、生命を食べているなんて思いは全然ないわけです。ご馳走を食べているということでありまして、食卓に出たご馳走をみましても、この魚はイキが良いとか、悪いとかという。それは魚の生命ではなくして、食べものとしての鮮度を問題にしておりますし、食べものとしてしかみていない。生きた生命としてはみていないということがあります。

これはまあ、非常におもしろかったので申すのでありますけれども、私には、九州に行くとよく入る、わりに値段が手ごろでおいしいレストランがございまして、そこへ昨年の暮れに入りましたときに、壁に大きな紙が貼ってありまして、何が書いてあるのかと思って見ましたところ、お礼状が書いてあるのです。「平素皆様が御愛顧下さいましたおかげで、当店も六千頭の牛を消費するまでになりました。大変有難うございました」と、感謝状が書いてありました。おもしろいお礼状ですね。ウッとうめかなくてはならないような文章です。

つまり、それはレストランですから、繁昌(はんじょう)しているということは、それだけ殺しているというわけですね。私たちはレストランに入っても、牛を殺しているのだということは思わないのですけれども、年間六千頭もの牛を殺せるようになりましたと。まあ、私も殺し続けてきたということになるわけですね。

そうしますと、やはり私たちが生き続けているということは、殺し続けているということです。そのことは、まぬがれようのない矛盾として内にかかえている。その矛盾からは逃げようがない。どう言いつくろおうとも、弁解のしようもない。ですから私たちは、生命を大事にしましょうと言わざるをえないのですけれども、生命を大事にしましょうと言ったときに、そこには、内にその言葉に矛盾した事実をかかえているわけです。

かといって、生命を大事にしましょうということを、言わずともよいというわけにもいかない。やはり生きていきますときに、お互いに少しでも生命を大事にしていかなければならない。そのように、どうしようもない矛盾をかかえているそこに、罪ということを私は思うわけでございます。

四、逃れがたい罪

何かをしたから悪いという、その行為についての悪ではない。私がこうして生きてあることの、そのことがかかえこんでいる罪です。私の生存そのものがかかえこんでいる罪。何かいけないことをしたというような、あるいは神に反逆したというような、何かしたことについて罪があるのではない、私がこうして生きているそのことが、内に深く罪をかかえこんでいる。

そういうところに罪業深重ということがある。深重ということは、逃げようがないということです。ほかの何かよりも重いということではない。比較して重いということではなくして、逃げようのない罪。私の生存そのものにのしかかっている罪なのです。ですから私たちが、こういう罪をかかえたものとして戒められてくるものが、空過ということです。限りなく生命を奪った、そのわが生命というものを空しく過ごすという。

私どもは、殺し続けなければ生きていけない。殺すことをやめれば、遇い難くして遇いえたこの身、与えられた生命というものを捨てなければならない。いずれも生命を捨てることになる。

そこに、生きていくということのうえにおいて、与えられてある生命、限りない多くの生命のおかげで保たれているこの生命というものを、空しく過ごすか、過ごさないか。その空過ということが、私たちの行為としてのもっとも大きな問題として、ここに出されてくるのであろうと思うのです。

一生を空しく過ごす。この与えられてある生命を空しく過ごすという、そのことは、ただ自分の生命という個人の生命の問題ではない。限りない、私のために奪われていった生命のすべてを空しくすることである。

そこに、私たちに残されている道は、そのような身をかかえた生命として、その生命の意味をほんとうに成就する。全うしていくという、空過せしめないということだけが残された道なのですね。

本願というものは、空過ということに対して応えられてあるということが、そこに非常に深い意味として思われるわけでございます。罪がなくなるわけではない。ただしかし、その空過すること、そのことを本願というものが支える。こういうところに、私たちにある意味で、生活の事実としてうなずける罪業性というものの相がみられるかと思うわけでございます。

五、地獄の名

地獄というものの名は、非常にたくさんあるわけでございます。その中でも私たちにとりまして、もっともなじみのありますのは「八大熱地獄」という名であります。それは、第一・等活地獄、第二・黒縄地獄、第三・衆合地獄、第四・叫喚地獄、第五・大叫喚地獄、第六・焦熱地獄、第七・大焦熱地獄、第八・阿鼻地獄です。

八大熱地獄と名前がありますように、八大寒地獄というものもあるのです。

それから、この八つにそれぞれ付随した小さな地獄の名前が説かれております。非常に数多くの地獄がそこにかぞえられているわけでありますが、大きく分けていえば、先の八大熱地獄というのが、その代表的なものです。

これにつきまして、『往生要集』におきましては、さきほど申しましたように『正法念処経』を中心としまして、それぞれの地獄に堕ちる業因というものをあげているわけであります。

等活地獄は殺生の罪を犯したものが堕ちる。黒縄地獄は殺生と、さらに盗みをしたものが堕ちる。衆合地獄は、殺生、偸盗（ちゅうとう）に、さらに邪淫を犯したものが堕ちる。叫喚地獄は、殺生、偸盗、邪淫（じゃいん）に飲酒（おんじゅ）と、このようにあげていかれるわけなのです。

このように、罪業がそれぞれ対応している。これは必ずしも、どの経典もそうなっているというわけではありません。『正法念処経』だけなのです。阿含経典の中にございます『起世経』という経典は、地獄につきまして非常に具体的な表現、教えを述べております。

阿含経典ですから、ある意味ではいちばん最初の表現とみてもよいわけですが、その『起世経』、それから、論では龍樹大士（りゅうじゅだいじ）の『大智度論（だいちどろん）』等が、地獄について非常に詳しく述べているのですけれども、それらにおいては、必ずしもそこに堕ちる業因というものをこのように図式的に配当していない。この八大地獄を通じて、同じような言葉が前後して出てくるわけであります。ですから、必ずしも結びつくというわけではございません。しかし、まあそこに、次第に整理されてきたものというふうにみてもよいかとも思います。

六、等活地獄

ともかくまず最初の「等活地獄」という、この名でございますが、これは岩本泰波先生は図式を立場にして、等活とは殺生罪を表す言葉だと。それは何かというと、〝等活〟というのは、等しく活きかえるという文字なのですが、もう一つ詳しくいえば、等しきすがたに活きかえる。これが等活ということなのです。

等活地獄へ堕ちますと、獄卒(ごくそつ)が罪人を頭から切り刻んでいく。そして、頭の先から切り刻んで、足の先まで完全に切り刻んで、まったくその形をとどめなくなった。もうこれで終わりということになりますと、いちじんの風が吹いてまいりまして、またもとの等しきすがたにかえる。そしてまた始めから、頭から切り刻まれる。これがくり返し、くり返し終わることがない。これが等活という名なのです。

　この等活という意味を、殺生罪ということに結びつけて、岩本先生は、「私たちがいつも生活の中で奪い続けてきたものが、まったくかけがえのない生命であったことを思い知らす相が、等活ということである」といわれます。つまり、私が一生の間奪ってきた生命の数だけ等活する。

　一つ一つの生命が、かけがえのない生命であり、重い生命であったことを思い知らせるすがた、それが等活だといわれているわけでございます。その限りにおいて、教えられるところがあるわけであります。

　つまり私たちは、いかにその食べているものが生命であるということを忘れているか。生命を生命と思わずに無視してきたということです。まあ、あまり意識しては、食べられないのですけれども。

　いままで、いかにそれが生命であることを忘れて、それを奪い続けてきたか、生命を忘失している。そのことを思い知らされ続けるすがたが等活だ。そういう意味におっしゃっておいでになるわけであります。

ただしかし、このように図式的にわりあててある『正法念処経』におきましても、実は、等活ということは、いちばん最初のところだけに出ているのではなく、他の地獄全体を通じて、等活ということがくり返し出ている。そこには、「其の罪、未だ畢らざらしむ」。というような言葉で、等活のことが出ているのです。

七、最後の逃げ場

八大地獄を通じて、常にくり返し死んだかと思うと、またもとにかえって等しい苦しみを受けなおさせられる。つまり、等活というのは、けっしてそのように一つ一つの奪ってきた生命を思い知らせるということではなくて、逆に、その罪のおわらざる相を語っている。

そこに、等活という言葉で表されていることは、私どもにとりまして、苦しみの中にあっては、死ということも最後には一つの〝憩い〟になるということ。死ねるということは、一つの苦しみが終わること。まあ、亡くなった人に対して、ご苦労でありましたというような思いですね。我々の意識としましては、「これであなたも安らかに…」というようなことがあるわけですね。

私たちにとりまして死ということは、この世に受けております苦しみということが、そこで終わるという。ある意味では最後の〝憩い〟であり、最後の逃げ場でございます。

ですから、本心からというわけではないですけれども、「はやく死にたい」ということを、よくおっしゃる方があるのですね。「それなら殺してあげましょうか」といわれると、たいていみな逃げだすのですけれども、しかし、たしかに私たちが何か苦しい中に追いこまれますと、いっそ死んでしまいたいと思う。少なくとも死ということが、これはやはり最後の憩いであり、逃げ場である。どんな苦しいことも、死ねば終わるのだという思いがある。

その、死ねば終わるのだという、私たちの最後の夢が打ち砕かれますのが、等活ということ。つまり、死んでも帳消しにならないものをそこに感じとるところに、等活ということがある。つまり、私たちにとって罪業ということは、死んで帳消しになるようなものならば、それは罪業というほどのものではない。

死んでも帳消しにならないものを、私の生命の中に感じとる。そこに初めて罪業の自覚ということがあるのでしょう。

八、常に新た

地獄というのは、いままで私どもが気がつかなかった、罪業の自覚を表す世界なのです。私たちが自覚した、その罪業の内景というもの、内なる世界というものが、地獄ということなのですけれども、そこにまずありますことは、そういう、死んだら終わりだという安易な考えを打ち砕く。死んでも帳消しにならないものを、自分の生命の中に感じとる。そこに罪という問題もございますし、日々の生活の中に地獄を感じて生きていくという、ほんとうの意味の、生命に対する厳しさということも出てくるのでございましょう。

等活ということは、けっして、ただ殺生という行為に関する言葉ではなくて、およそ罪業というものの本質を表す言葉である、というように私は思うわけであります。

しかも、それが等活と表されている。終わりがないということではなしに、終わりがないということならば、不終という言葉でよいのです。私たちの苦しみに終わりがない。死のあともまだ続くというように、終わりがないという、不終という言葉でもよいのに、それを等活という言葉で表している。

等活というのは、つまり「常に新た」ということです。やっと薄皮がはったと思うと、ぴしっとはがされる。また一から始める。これがずっと続いていくという。

人間というものは、しぶとうございますから、ずっと続いていくときは、あるいは慣れるということも出てくるかもしれません。そこに、「常に新た」ということが、等活ということにはございます。常に新たに、自らの罪業というものを思い知らされ続けていくという、そういう意味を、等活という言葉が表現している。

ともかくここに、私どもの生死をつらぬいて、この身にある罪業というものをおさえるところに、地獄ということの認識がある。

地獄ということが、いわゆる死んでのちに行く世界というように説かれてきましたのも、実は、死をもっても終わらないという、死をもっても帳消しにならないという、その意味を、そのような形で表現してきたわけであります。

私たちの現実、いまの生命というものの内にかかえている相を等活という言葉で、まず地獄の経説が示しているということを思うわけでございます。

第三章　人間として

一、一生は尽くとも

罪業ということを、矛盾あるものとしての自覚という言葉で申しあげたのですけれども、私どもは、矛盾をかかえた存在である。その矛盾というものの、いちばん端的なすがたが、生きるためには殺さなければならないという、そういう生命（いのち）の構造ですね。

つまり、殺し続けてきたという形で生きている。その限りにおいて、罪をまぬがれる存在は一人もいないわけでございます。そういう罪業性というものを自覚するという、自分の中に限りなく矛盾するものを見いだすというところに、謙虚さということも出てくるかと思うわけでございます。

たとえば、親鸞聖人をつらぬく姿勢というものは、そういう人間としての、真の謙虚さというもの。法に照らされての人間の謙虚さですね。そういうものを感ずるわけでございます。

その謙虚さというものは、言葉を換えますならば、つまり、「無心」ということでございます。どこまでも法にしたがい、事実にしたがうという無心さですね。

つまり、自分の思いに執着せずに、どこまでも事実にしたがって生きるという、事実というものを、どこまでも事実として、明らかに受けとめていくというところに無心ということがあり、謙虚ということもあるかと思うわけです。

その意味では、自分自身を酔わさないということ。我々は、常に自分に酔うということがあるわけです。何かをすれば、した自分というものに酔いますし、さらには、苦しみの中にあっても、苦しんできたということにも酔う。自分ほど苦労してきたものはないというように、自分のたどってきた苦しみをも材料として、自分に酔うものなのです。

『往生要集』の中に出ております、非常に印象的な言葉でございますけれども、源信僧都が地獄というものを展開していかれますその中におきまして、「一生は尽くといえども希望は尽きず」という言葉がおかれております。この場合の希望とは、言葉を換えますと、「夢」ということです。

前後の文章から申しますと、遇い難い、人間としての生命（いのち）を身に得、そして貴重な人生というものをたどってきた。そして、すでに頭には白髪を得、まさに命終わらんとする。そういう一生を終わらんとするそのときにあってもなお、自分の夢というものが捨てきれずにいる。つまり、死のまぎわになっても、なお思いが残るということですね。命は業にしたがって閉じるわけですけれども、しかもただ、はかない夢というものは捨てきれずに私の中に残る。

その後には、「ついに白日のもとを辞し、ひとり黄泉(よみ)の底に入らん」と。つまり、地獄にひとり入らなければならないにもかかわらず、空しい夢というものを追い続けている、という言葉があげられています。

これは、厭(いと)うべき六道の相を結ばれるところに、この言葉が出されているわけでございます。

考えてみますと、私どもは、自分の生命の事実というものにもとづかずに、はかない夢や思いによって生きている。どこまでも思いが離れられない。たとえば、他人(ひと)にいろいろ関わりをもつわけですけれども、他人(ひと)に関わる場合でも、常に自分の思いでしか関わらない。

二、黒縄地獄

八大熱地獄のところをみていくと、第二番目が「黒縄地獄」という名前になっております。そこに、殺生、偸盗とございます。つまり黒縄地獄に堕ちるのは、殺生、偸盗によると。これは前にも申しましたが、源信僧都が、『正法念処経』によって書いております。他の経典では、必ずしもそういうように限っていないわけです。『正法念処経』の説においては、そういうことが出されているわけでございます。

〝黒縄〟というのは、〝墨縄（すみなわ）〟ということであります。大工さんが木を削られるときなどに、墨のついた糸を張って、線を木の上につけられます。そしてその線にそって、木を切ったり削ったりされますね。あの墨縄を〝黒縄〟という言葉は意味しております。

そこから岩本先生は、盗むということを、黒縄ということに結びつけられまして、私たちが盗むというときには、ただものを盗むということで考えますが、人との関わりのうえからいえば、〝裁（さば）きの心〟というものは盗みだということを指摘されています。我々はいつも〝裁きの心〟をもって人と接する。

その〝裁きの心〟とは何かというと、自分がもっている思いをもって、相手を切り刻むことですね。墨縄というところに、我々が人を裁くときに、自分の思いをもってその人のうえに線を引く。そして、その線によって相手を切り刻む。

そういう裁きの心というものは、その人が生きたひとりの人間として生きていることを奪うことである。他が他であることを奪う。裁きの心というものは、その人がその人であることを切り刻んで、その人がその人として生きている、その在り方を奪うことである。勝手にこちらから、自分の墨縄で相手のうえに線をつけて切り刻む。実は、そういう裁きの心というものが、人間関係のうえでは盗みなのです。我々は、いつも裁きの心をもってしか他人と出会わない。

三、黒の意味するもの

ですから、サルトルという人は「地獄とは他人の眼だ」といわれております。つまり「他人の眼」とは、私を裁くのですね。常に裁かれて生きている。そこに地獄がある。そういう他人の眼という、裁きの眼というものが、地獄であるといういい方をした方もございます。

なるほどと思うこともございますね。裁きの心というものに出会いますと、私どもは、自分が自分でなくなっていく。その意味から申しますと、なるほど裁きの心というものは、他人(ひと)を盗むことだと、その人の生命、その人の心を盗むものだということが、たしかにうなずかれるのでございます。

その意味では、心ひかれることもあるのですが、けれども、地獄の経説のうえでは、「黒縄」というのは、どうもそういうことではない。

だいたい〝黒〟という言葉は、仏教では常に〝悪業〟、悪ということを表すのです。ご承知のように、二河白道の〝白〟ということに対して〝黒〟ということがいわれるわけです。『愚禿鈔』では、「白はすなわちこれ六度万行、定散なり」（聖典四五四頁）とあります。少なくとも、宗教心ということを表す言葉、清浄ということを、〝白〟という言葉は意味しております。

それに対して、「黒はすなわちこれ六趣・四生・二十五有・十二類生の黒悪道なり」（同前）とあります。要するにすべて、迷い、煩悩、惑業によって覆われた命の在り方というものを表すところに、黒ということの意味がある。そして「黒悪道」という言葉が出ております。ですから、黒縄の黒ということも、黒悪道、悪業を表す。親鸞聖人も『教行信証』の中で引用しておられます、元照律師という方の書かれたものの中に、「不浄即ち黒の異名」という言葉が出ております。黒というのは不浄ということなのです。同じことでございます。

そして「縄」ということにつきましては、やはり『往生要集』の中に、

「業の縄」ということがいわれております。縄というのは、私というものを縛る、私の業ですね。ですから黒縄というのは、けっして他人に向かって、私たちが裁きの心をもって、他人のうえに罪うつのではない。

四、自業自得

そうでなくて、地獄において私が自覚せしめられるところの、自らの業の縄なのです。他人に対してではない。黒縄とは、地獄において、自分のうえに見いだす縄目なのです。

つまり、黒縄という名で表されているのは何かと申しますと、自らの犯した悪によって、自らが縛られているということ。簡単にいいますと、自業自得ですね。つまり、地獄とは、自業自得の世界であるということを表すのが黒縄ということです。

前に申しましたように、等活というのは、生活をつらぬいて、私に遇う罪の自覚ですね。それが地獄の出発点です。そして、その地獄において見いだした罪というものが、実は、まさしく自らの業において身に受けているものであるということ。

まあ、裁きということからいえば、裁きに寸分の狂いがないということです。自らが犯しただけ、自らが受けるのです。まさしく自らの業にしたがって、自らが罰せられる。そこに寸分のずれがない。自らの業のごとくに、自らが切り刻まれる。そういうことを表しておりますのが、黒縄ということでございます。

けっして他人を裁く相を表しているのではない。自分が、自らの業によって縛られている相を表す。いま現に受けている地獄の苦痛というものは、まさしく自業自得のものであったという自覚を表すのですね。自業自得ということを説明しているのではないのです。横から、「それはお前の自業自得だ」

といわれることではない。自分の受けている苦痛が、まさしく、自分の相であるとうなずかしめられるところに、地獄の自覚がある。

五、衆合地獄

八大地獄の中でも、「叫喚、焦熱地獄」というのはわかりやすいのですね。「叫喚」とは、泣き叫ぶことであり、「焦熱」というのは、焼かれるのですから、文字どおりの意味でございます。

「等活、黒縄、衆合」という言葉は、象徴的な言葉でございますから、その文字だけではわからないわけですけれども、第三の「衆合地獄」の、「衆合」というのは、経典の言葉によりますと、この地獄へ堕ちますと、その地獄にはたくさんの山がありまして、その山の間へ人々は獄卒によって追い込まれる。そうすると、山が左右から迫ってきて、罪人を押しつぶすというのが衆合地獄といわれています。これは別の経典では、「推圧地獄」といわれています。衆合というのは、地獄にある山が、その罪人を押しつぶすということなのです。

そこに衆合ということで表されておりますものは何かといいますと、つまり、地獄の自覚ということにおいて、自らが長い流転の生活の中でくり返してきた罪というものが、一時に私をとらえるといいますか、それこそそんなことをしたかというような、ほとんど自分の意識にも残っていないような、そういうあらゆる自らの罪業というものが、地獄の自覚において私を圧倒してくる。

忘れたり、流してしまっていたような、あらゆる罪業性というものが一時に涌きたち、私をとらえるという。自らの罪ですね。忘れていた自らの罪が、私をたちまちにしてとらえるという相が、衆合ということなのです。自ら犯してきた罪業の重さに押しつぶされるのが、衆合地獄です。

だいたい私たちは、すべてを流してしまっている。いろんなことをしておりましても、まあ、少し心が痛みましても、二、三日もすれば忘れてしまうのですね。何か他人に悪いことをしたとか、傷つけたとか、苦しめたとか、そういう傷つけたり、苦しめたりしましても、そのことで私というものがいつも痛まれているかと申しますと、けっしてそういうことではないですね。ほんの二、三日もすれば、すぐ忘れてしまい、消えさってしまう。限りなく他人を傷つけ、悩まし続けてきた、そういうことがきれいさっぱり忘れられて、いい気になってきている。そういう自分というものが、衆合地獄において、一度に、まさにいっきょに思い知らされるということですね。

いっきょに思い知らされる。まさに山がなだれ落ちてくるように、自分がいままで、自分の心の中から流しさっていた罪業性というものが、いっきょに私を押しつぶす。こういう相を表しますのが、衆合という名であろうと私は受けとるわけです。

六、裁きの心

　ともかく、黒縄というのは、けっして他人（ひと）を裁くというのではなくて、地獄とは自業自得の世界だということを表す。そして、その自業自得をつらぬいているものは、前にも申しました、「汝は地獄の縛を畏るるも、これはこれ、汝の舎宅なり」という言葉が、黒縄地獄の中に出ているのです。

　つまり、「黒縄」というのは、自らが自らの悪業によって縛られているすがたを表す。そういう言葉でありまして、けっして裁きの心を表すものじゃないということが、経典にそってそういうことがいえるのであります。

　経典に説かれていますす教えとしての黒縄の意味はそうなのですが、ただそのことはおきまして、私たちは、常に裁きの心をもって他人（ひと）に触れ、他人をいつも裁きの眼をもって切り刻んでいるということ。この指摘は教えられるところが非常に多いわけです。

私どもは、他人とつき合っている、出会っているというけれども、いつもその出会い方というものが、どこかに裁きの心をもって出会っている。相手を、自分の思いで切り刻んで出会っている。けっしてその人の心をとらえているのではなく、自分の思いで、あるいは自分の都合で切り刻んでいる。この指摘は、非常に身に感ずるわけでございます。

これも『往生要集』の中の言葉でございますが、「心はこれ第一の怨（うらみ）なり、この怨最も悪となす。この怨よく人を縛り送りて閻羅（えんら）の処に到らしむ」というお言葉があります。

この場合の心とは、思い、分別心でございます。閻羅処とは地獄という意味です。つまり、我々の思いというものが、常に我々の在り方というものを過（あやま）たしめる。怨という言葉でおさえられてありますのは、他ならぬ自分の心が、自分の一生を迷わしめてきたという、そういう嘆きをおさえているわけですね。他ならぬ私の心が、私の生命を空しくさせている。私の一生をゆがめてしまっている。その思いというものが人を縛って、地獄に到らしめる。ですから、私たちの一生というものは、他人に出会う出会い方も、常に自分の思いをとおしてしか出会わないし、また事実というものをみる見方も、いつも自分の思いにおいてしか事実をみない。現実生活というものも、やはり常に自分の思いに立ってみる。

七、思いのとらわれ

『涅槃経』の中に、「慚愧あるがゆえに、父母・兄弟・姉妹あることを説く」（聖典二五八頁）という言葉があります。それを親鸞聖人が『教行信証』の中に引文されてある。

我々は、父母、兄弟、姉妹に囲まれて生きていると申しますけれども、しかし、一度も父母、兄弟、姉妹というものとほんとうには出会わない。いつも自分の思いでしか父母、兄弟、姉妹に出会っていないし、まさしく自分の思いをもって父母、兄弟、姉妹を切り刻んで生きている。お互いに自分の思いをぶつけ合っているわけであります。ほんとうに一度も会うたことがない。

これはくり返し申しているわけなのですけれども、そういうことを死なれてみてはじめて思い知らされる。いかに自分がその人にほんとうに出会っていなかったかということ。いつもその人の気持ちよりも、自分の思いをもってその人を測っている。親ならばこうしてくれてあたりまえでないかという思いが先にたって、その人に会う。そこには不平不満というような思いしか出てこない。

ですから、私たちの裁きの心が捨てられたとき、はじめて父母を父母として出会う、兄弟を兄弟として出会うということがある。思いというものが捨てられなければ、いつも会っていながら、一度も会わないという。毎日その人と顔をつき合わせながら、結局、その人と一度も出会わなかったという、そういうこともあるわけでございます。

そういう意味におきまして、私たちが他人と出会う出会い方の、いつもそこにつらぬいているものは、自分の思いということ。それから現実生活における体験にしましても、やはり、自分の思いでしか体験してこない。あるいは、体験したことを自分の思いに閉じ込めてしまう。

八、事実を受けとめる

ですから、真の謙虚さということは、いままで自分がそういう思いを一歩も出ずに、他人に会い、自分の一生を生きてきたという、そういう自分の思いにとらわれている、いままでの自分の在り方というものの懺悔（さんげ）ということが謙虚さの中には流れているわけです。どこまでも自分の思いを捨てて、事実に立とうとする。ですから、謙虚さは、そういう勇気でもあるわけです。

謙虚さとは、自分の思いを捨てるということ、無心ということでございますけれども、無心ということは、実は、事実の前には自分の思いをきっぱり捨てていける勇気なのです。それが事実であるならば、どんなにそれが自分にとって、自分の思いにとって切ないことであろうとも、それをきっぱり捨てて、事実というものにしたがっていける、そういう勇気というものが、謙虚さというものの生命であろうかと思われるわけです。

仏教でいう智慧とは、謙虚さとしてあるのです。仏教でいいます智慧というのは、事実を事実として、どこまでもみていく勇気を表すのです。それが事実であるならば、その事実を、どこまでも受けとめていく勇気ですね。愚痴というのは、それが事実であるにもかかわらず、受けとめることのできない弱さというものです。その意味では謙虚さというのは、智慧の相なのです。

地獄という言葉が、私たちの生活の中に常に生きてはたらいているということは、そういう謙虚さというものを生み出しているということであります。ですから、私たちが、地獄ということを生活意識の中から捨ててしまったときに、人間としての謙虚さを失った、ということが出てくるのではないかと思うのです。

昔の人たちは、生活の中で地獄というものを、身近な、自分の生命の事実として感じとり、生きておられた。そこには一貫して、人間としての謙虚さというものがあった。だけど今日、合理精神ということで、そういう地獄という教えを、荒唐無稽なこととして切り捨てた、そういう切り捨てることにおいて、どこか人間が傲慢(ごうまん)になってきた。自分の理性というものをもって、一切の尺度にして、自分の理性というものをもって一切を切り刻んできた。

地獄の経説というものは、人間としての謙虚さを我々に開くもの、それが地獄の経説の内容であろうかと思います。地獄という経説をとおして、仏教は、人間に人間としての謙虚さを開いてきたということですね。そこに地獄ということの経説の、ひとつの大きな意義を感ずるわけでございます。

九、阿鼻地獄

その意味から、八大地獄についてみてまいりますと、(巻末の〈参考〉「八大熱地獄」を参照)いろんなことが思われるわけでございますが、まず、第一の等活地獄でございますが、等活地獄には、殺生の罪を犯した者が堕ちると『正法念処経』には出ております。そして、その場所が「閻浮提(えんぶだい)」、つまり私たちの現実生活の下、一千由旬(ゆじゅん)にあると。由旬といいますのは、仏教独特の長さを表す言葉なのですが、それはある意味で、私たちの尺度を超えた広さ、長さというものを表しているのであります。

それはともかく、その地獄の大きさは、縦横一万由旬であると。それが、黒縄地獄から衆合、叫喚、大叫喚、焦熱、大焦熱地獄と、次々に下にいきましても、「縦横前に同じ」とございます。全部同じ大きさであると書いてあるのですね。

ところが、「第八阿鼻地獄」だけは、「縦横八万由旬」と、数の上からいけば、八倍の大きさであると出ております。ですから、形のうえでは、七つの地獄はそれぞれ大きさが同じで、下の方が末広がりになっているわけですね。そして苦しみも、第二黒縄地獄のところに、「等活及び十六別処の一切の諸苦十倍にして重く受く」。つまり、等活地獄の周りに、小さな地獄が十六ある。これは一つ一つについているのですが、それらを全部ひとまとめにした、十倍の苦しみを黒縄地獄は受ける。ですから、第一の地獄よりも、第二の地獄は十倍も苦しい。以下五つの地獄はみな同じと出ておりますので、七つの地獄の苦しみは、すべてその前よりも十倍ずつなのですね。

それが、最後の阿鼻地獄では、この七つの地獄の苦しみを全部ひっくるめた一千倍の苦しみを受ける。ですから阿鼻地獄というのは、広さも広いし、苦しみもケタ違いに大きい。こういうことから何がいわれているかと申しますと、前の七つで説かれている罪というものを、罪としてつらぬいているものが、実は阿鼻地獄に説かれてあります、「謗法の罪」なのであるということであります。謗法の罪というものが、人間のあらゆる罪を生み出しているもとであるということです。

この謗法の罪というものが、それぞれの罪というものをつらぬいているものだ。この謗法罪というものが罪業性の根拠だと。これは、もう一ついえば、無明ということなのですけれども、無明というものが、人間の罪業の根拠だと。人間の罪業性というものを一口でおさえれば、第八阿鼻地獄で説かれている謗法罪。その人間の罪というものを、一つ一つ具体的におさえれば、前の七つの地獄の相であると。ですから、前の七つの地獄と、第八の地獄は、「総・別」という関係でとらえられると私は思うわけでございます。

第四章　無明の深さ

一、法然上人における「悪人」

おおよそ、地獄としての在り方を生み出しているものを、一口で表しているものが第八阿鼻地獄です。その地獄というものの、具体的な相（すがた）を並べているのが、前の七つの地獄。ですから、前の七つをいくら問題としても、最後の第八阿鼻地獄というものを問題にしなければ、人間の罪業性というものは明らかにならない。

ご承知のように、親鸞聖人は、『歎異抄』で「善人なおもて往生をとぐ、いわんや悪人をや」（聖典六二七頁）と、悪人往生ということを出されます。ところが、それに対して、師法然上人は、その逆をおっしゃっているのです。

「罪人なおうまる、いわんや善人をや」と。こういうことが法然上人のお手紙の中にある。

これは、親鸞聖人が『歎異抄』に残されているお言葉とはまったく違う。『歎異抄』では、「善人なおもて往生をとぐ、いわんや悪人をや」ということです。それに対して法然上人は、「罪人ですら救われるのである。まして善人が救われないはずがない」。その意味では、法然上人は、自らを善人としておさえられているということがある。

その場合、自らをなぜ善人といわれるのかといいますと、法然上人のお書きになりました『往生大要抄』という本があるのですが、その中に、「われら罪業おもしといえども、いまだ五逆をつくらず（中略）ひろく五逆極重のつみをすてたまはず、いわんや十悪のわれらをや」というお言葉が残されてあります。この言葉によりますと、法然上人が、罪人あるいは悪人という言葉でいわれますのは、五逆の罪をつくった者ということです。五逆といいますのは、「一つにはことさらに思いて父を殺す、二つにはことさらに思いて母を殺す、三つにはことさらに思いて羅漢を殺す、四つには倒見して和合僧を破す、五つには悪心をもって仏身より血を出だす」（聖典二七七頁）ということでありますが、法然上人は、われらはいまだ五逆の罪はつくっていない。十悪の罪は犯している。たしかに殺生もした。盗みもしたり、あるいは飲酒戒、邪淫戒を犯したこともある。だけれどもいまだ五逆の罪はつくらないと。ですから五逆の罪をつくらざる者を、善人ということで法然上人はおさえておられる。

二、親鸞聖人における「悪人」

悪人というのは、五逆の罪をつくった者。その五逆の罪をつくった者も、具体的にいえば『観無量寿経』においては、五逆の罪をつくった者も救われている。五逆の罪をつくった者すら救われているのだから、まして十悪の罪を犯しているにすぎないわれらが、救われるのはいうまでもないと。「われら罪業おもしといえども、いまだ五逆をつくらず（中略）ひろく五逆極重のつみをすてたまはず。いはんや十悪のわれらをや」という言葉が、法然上人のお言葉の中にある。

それに対して親鸞聖人が、師法然上人のそのお言葉というものを、ある意味でつきぬけて、「善人なおもて往生をとぐ、いわんや悪人をや」というお言葉で出してこられる。そこに、自らをどこまでも悪人としてみていかれる。その悪人としておさえられますのは、五逆罪を犯したということでおっしゃっているのではない。謗法の罪を犯したということでみておられるのです。

五逆罪よりも、もっとそのもとにあるのは、つまり、五逆罪を生み出すもとは謗法罪である。謗法罪こそは、一切の罪を生み出すもとであると。親鸞聖人は、五逆罪ということではなくて、謗法というところで罪をみられる。そして、その謗法罪とは何か。「謗法の体これ邪見」という言葉がありますが、邪見ということが、真実なる法を誹る心である。

邪見ということは、ある方が、「耳がふさがっているすがた」ということでいわれたことがありますが、邪見とは、自分の考えというものを大事にかかえこんで、人の言葉、人の教えが耳に入らない。そういうすがたが邪見だと。耳がふさがるもの。そういう耳がふさがっているとき、私たちが、もっとも深く、そこにたとえ形のうえでどういうことをしようとも、あるいは逆にどういうことをしなくとも、その私たちの在り方が、邪見というものでつらぬかれておりますとき、罪をまぬがれないのです。

つまり、一切の罪を生み出しているものは邪見だと。そして自らは、この邪見の衆生だという自覚が、親鸞聖人におきます罪あるものとしての自覚でございます。親鸞聖人にあっては、一切の罪業の根底に、邪見ということがあると。謗法の罪というものがふまえられているということです。ですから「邪見憍慢悪衆生」(「正信偈」聖典二〇五頁)といわれる。

つまり、煩悩を断ぜずとも救われるのですけれども、しかし、邪見憍慢は、そのままというわけにはいかんのですね。一切の悪業の身のままで救われる。しかし、邪見憍慢のものは、邪見憍慢のままで救われるということはない。邪見憍慢のものが回心すれば救われるということであります。

そこに回心ということがおさえられてあるわけでございます。その回心とは、ただ悪いことをしたというような、自分のしたことを悔いているということではない。私の在り方、私が生きているそのこと、私の生存の罪というものに頭を下げるということです。どこまでも矛盾をかかえたものであるという事実に頭が下がったということです。悪いことをしましたと、悪いことを後悔するのではない。

ですから、親鸞聖人におきましては、そういう謗法という問題が、その根底におさえられている。そのことと地獄の構造が、前の七つが同じ大きさでつながっていて、第八地獄が末広がりに、広く深く説かれている。そして、その罪業性も、まったく比較を絶した重さをもっているということで教えられてきますことが、ひとつつながってくるのでないかということを思うわけでございます。

三、意思の参加

地獄は下にいくほど罪が重く、受ける苦が厳しいわけでありますが、ごらんになりますとわかりますが、殺生罪がいちばん罪が軽い。受ける苦が軽いという形になっているのですね。そして二番目の偸盗以下、邪淫、飲酒と続いていきます。これは常識的にみていきますと、納得がいかない点もあろうかと思います。酒を飲むくらいはかわいい話でありまして、人の生命(いのち)を奪う、生きものの生命を奪うことは許せないということがあるのですね。

これにつきまして岩本先生は、殺生罪というものを、前に申しましたように我々が生きていくために、他の生命を奪うという。つまり食べるという、食という問題でおさえられまして、そしてこの食べるということは、食べなければ死ぬという、つまり私のかかえている生命そのものが、本質的にかかえている事実だと。生命というものに直接した事実だと、好むと好まざるとにかかわらず、生きるためには食べなければならない。だからそこには、ある意味で、私の意思を超えて生命の本質そのものが求めていることがらが、食べるということであると。だからそこでの罪は軽いのだと。

罪というものは、意思の参加の度合いによって罪が重くなる。これは娑婆（しゃば）のきまりですね。無意識にしたのか、意思してしたのかによって、罪の軽重がかかわってきます。まあ、判断する力がなかった、精神が錯乱していたというときには、罪が軽いそうですね。

ともかく、世間の法の裁きのうえからみますと、たしかに意思の参加の度合いというものによって、罪を区別する。意思してやったものであればあるほど、罪が重いとされる。べつだん意思してやったものでないけれども、やむなくしてしまったというものは、罪が軽いとされる。

そのことからいえば、いまの食べるということは、意思を超えた、生に直接した事実であるから罪が軽い。下へいくほど、意思の参加の度合いが深まると。下といいますのは、偸盗・邪淫・飲酒・妄語・邪見ということですね。次第に意思の参加がある。つまり意思してやっている。そういうように岩本先生は、殺生の方が罪が軽くて、飲酒などの方が罪が重いことを説明しておられます。だけども、それだけではどうも納得がいかないのですね。

四、殺生罪

なるほど、偸盗とか、邪淫などは、その罪を犯さなくとも生きていけるのですから、その罪を犯すということは、あえてしたということがある。そういうことを意思してしたということがある。たしかに下へいくほど、意思の参加の度合いが深まっているということがいえるかもしれない。

ところが経典をみますと、殺生ということが、食べるということだけでおさえられているわけではないのです。そうじゃなくて、そこには他に殺生をすすめ、殺生を讃嘆し、殺生を称揚するということがある。そしてそこには、明らかに殺人ということも入っているのです。殺人が生に直接した事実というわけにはいかんですね。

食べものという限りにおいてはそうかもしれない。好むと好まざるとにかかわらず、食べなければ死ぬんです。だから、食べものということからいえばそうかもしれないけれど、殺人はしなくったって生きていけるのですね。生に直接した事実とはいえないだろう。しかも経典をみれば、等活地獄のところに、「他に殺生をすすめ、殺生を讃嘆し、殺生を称揚する」というような言葉が入っている。そこでは、食べるためのやむをえないことというような意味が、まったく消えておりまして、明らかに具体的な殺生罪をおさえている。この殺生罪を、とくに人間としておさえますとき、前に申しました、我々がまさしく正義の名によって、あるいは、思想の名によって犯してきたところの罪であるわけですね。我々は、正義の名によって殺生を讃嘆し、殺生を他にすすめてきた。

ついこの前も、丸の内で爆破事件がありましたが、あれが思想的なものかどうかわかっておりませんけれども、ともかくああいう動き、あるいは学生による内ゲバなりは、そういう正義の名において残酷なことがくり返されている。たとえば、学生の内ゲバにつきましても、いかに相手を徹底して傷つけるかということが、いかに自分の思想に忠実に生きているかということの証明なのですね。そういう形で殺生がすすめられるわけです。

もう一ついえば、私たち戦争を体験してきたものは、まさしく殺生を讃嘆し、殺生を称揚して、そういう人々に英雄の名をおくってきたのです。その意味では、我々はすべてそういう罪を犯してきている。正義の名において、国のためにということで殺生を犯し、殺生することをすすめ、殺生した者を英雄と讃えてきた。

五、罪の自覚

けっして、殺生罪ということが、生に直接した事実であるから罪が軽いのだということではない。そしてまた、下へいくほど意思の参加の度合いによって罪が深まるのだということでもない。もしただそういう意味ならば、地獄というのは、非常に常識的な世界ですね。意思の参加の度合いによって罪が重くなるというのならば、地獄の教えというものは、まことに常識的な話に終わってしまう。

そうではなくて、殺生罪がいちばん上にあり、そして常識からいえば、罪ともいえないような、謗法罪というものがいちばん下にあるという、そこにありますものは何を表すかと申しますと、罪の自覚をもち易いものからもちにくいもの、罪の自覚しにくいものですね。早く自らの罪業性を自覚しうる行為から、それが罪であることを自覚しにくい行為という次第を表している。

つまり地獄という経説は、何度も申しますように、いかに私が罪業の身であるかという、自己の罪業の自覚ですね。すべての人に、自らの罪業を自覚せしめる教えが地獄の教えなのです。地獄において説いております全体は、いかに我々が罪業の身であるかを、我々に自覚せしめる教えなのです。その場合に、もっとも早く自覚できるのは、実は殺生罪なのです。私たちが正義の名などで平常な心を失っておりますときは殺生を犯す。

たとえば戦争当時は、京都の京極通りの道の上に、ルーズベルトとチャーチルの顔の絵が大きく描いてありまして、「鬼畜米英」と書いてあるのですね。つまり、ルーズベルトやチャーチルの顔をふみにじって歩けということです。

いまから考えれば、幼稚なことで敵愾(てきがい)心をあおっていたのでしょう。そこでは、アメリカ人を人間と考えたことはないのですね。まさに鬼畜と考えていたのです。鬼畜米英と思っているときには、たたき殺せということになるのでしょうけれども、アメリカ人も一人ひとり同じ人間だなと思ったときには殺せないですね。それがたとえ戦争という情況で殺したときにでも、深くうちに残る。あるいは食べものにしても、食べたものがただの食べものではない、やはり生命であったと思うときには、心に残るものがあるのです。

我々の先祖が、年に一度日をきめて、魚供養だとかやってきた、そういうことの中に流れている精神は、まさしくそれが生命だというめざめですね。食べているものが生命なのだという、そのことがやはり我々の先祖の生活の中では、生きてはたらいていたと思うのです。

六、信心の智慧

ですから、殺生ということが罪であるということは、我々においても、いちばん容易にうなずけるのです。たとえ犯すときには、思想の名により、正義の名により犯していても、犯したあと、そのことが私の心を苦しめるということがある。殺生罪というものは、もっとも罪であることが自覚しやすい。またもっとも早く自覚できるものですね。

それに対して、盗みや、邪淫、さらに飲酒ということになりますと、罪の自覚がなかなかしにくい。なぜ飲酒ということを問題にするかといいますと、ひとことでいえば、酒を飲むことで我々は自分の心というものを麻痺させる。その麻痺させることで、貴重な人生というものを空過せしめるという、そういうところで飲酒ということがおさえられております。つまりわれを忘れるということであります。

ともかく、空過ということが罪であるということは、ただちには理解できないことなのです。つまり飲酒とか、さらに邪見とか、謗法とかいうものが、罪だということを知らしめるものは、信心の智慧だけなのです。信心の智慧というものをぬきにすれば、せいぜいで邪淫まででですね。我々の日常の意識からいえば、罪と考えられるのは、殺生・偸盗・邪淫まででしょうね。謗法なんていうことは、「人にはそれぞれ考え方があるさ」ということで終わるのですね。仏法を信じない、あるいは仏教を謗るということが、ただちに罪だというわけにはいかんのですね。

つまり、我々は、罪を自覚して信心するのではないのです。自分の罪というものを自覚してその罪のおそれから信心するのじゃない。信心によって自分の罪を知るのです。罪の自覚から信心するのであれば、信心は逃げ道です。そうでなくて、信心において、いよいよ自らの罪業性が知らされる。ですから、邪見とか、とくに謗法など、それが罪であることは、信心の智慧なかりせばけっして自覚できないことですね。

謗法がもっとも深い罪であると知ったのは、実は、もっとも深く信心を生きた心なのです。この順序次第というものは、けっしてその罪を犯すときに、意思の参加があったというのではない。意思して犯したのだから罪が深いのだというのは、世間の法律などのうえでの話です。

七、法との出遇い

そうではなくて、仏教にありましては、無自覚ということ、そのことがもっとも深く畏れられるのです。我々が自らの罪業を知らないということ。そのことはすなわち、自分の生命というものをほんとうに生きていないということであり、自分の人生を、空しく自分の思いによって流しているということになるのであります。自らの罪が自覚しえないということが、もっとも深い畏れなのです。

ですから、信心の智慧によって見いだされてくる罪というものが地獄でございます。だから地獄というものは、信心の世界にあることなのです。信心をぬきにして、どこかに地獄があるということではない。そして、地獄へ堕ちることを畏れて信心する、そんな都合のよいものじゃないのです。信心において、地獄一定〔「いずれの行もおよびがたき身なれば、とても地獄は一定すみかぞかし」（『歎異抄』聖典六二七頁）の自覚が与えられる。しかも同時に、地獄一定の自覚は、逆にいえば、どこまで堕ち続けようともだいじょうぶという世界に遇うたということなのです。

信心、つまり法とは、私がどこまで堕ち続けようともだいじょうぶという、そういう道との出遇いなのです。そのことをぬきにして、地獄というものは見いだせるものじゃないのです。ですから、信心の智慧の自己の内深くに見いだしてくるものが地獄でございますし、しかも、自己を地獄一定と見いださしめている智慧そのもの、その内容が浄土として我々に開かれてあるわけでございます。

浄土といい、地獄といい、それは信心の内容の自覚であって、信心の自覚ということをぬきにして、どこかにそういう世界をみているのじゃない。信心によって、自らの罪業性が知らされた世界です。

ですから、地獄には底がないのです。無底の世界です。つまり、地獄の一番底にあるのが阿鼻地獄ですが、その〝阿鼻〟というのは〝アビーチ〟(avīci)というインドの言葉の発音をうつした文字でございまして、〝阿〟とか〝鼻〟という文字に意味があるわけではございません。アビーチ、つづめてアビですね。そのアビーチという言葉の意味は、〝無間(むけん)〟ということです。

無間ということは、詳しくは無間雑ということです。その無間雑には、ひまがないということと、底がないということとの二つの意味がございます。つまり、苦しみにまじり気がない。まったく苦悩の世界で、そこには苦しみの休まるときがない。休憩時間がない。

そういう無間雑ということと同時に、その内容をみますと、〝無底〟ということがございます。底がない。無間ということは、底なく堕ちていく。経典によりますと、そこにおきましては、足を上に頭が下に、つまりさかさまになって、ずっと闇の中を堕ちていく。どこまでも、何年、何百年堕ちようと、私たちの一万年くらいが阿鼻地獄の一日一夜になるのですけれども、それを何年堕ちようと底がないという。無底ということで出ております。

つまり、我々の罪業は無底である。我々の罪業は底がない。私たちのいちばん根底的なものは底がないものだ。底があるということは、その下に何か支えがあるということなのですから、それは、支えの方がもっと底になるわけですね。我々は、この真に無底なるものを底として存在している。

八、私の地獄

罪業性に底がない、無底であるということが「無有出離之縁」（出離の縁あることなし）ということです。そして実は、自らを出離の縁あることなしと知る、その心にはじめて響いてくるものが、無縁の大悲という勅命でありあます。無縁の大悲の名のりというものは、出離の縁あることなしという自覚の他に響くところはないのです。

自分に夢をみていられる間は、無縁の大悲というものは、まさしく無縁なのです。響いてはこないのでしょう。出離の縁あることなしということにほんとうにうなずいたその自覚のうえに、はじめて響いてくるものですね。

そういうことから申しますと、この順序次第というものは、岩本先生がおっしゃいますように、意思の参加の度合いによる次第ではなくて、我々が罪業を自覚することの、容易であるか、困難であるかの次第であり、そして地獄の深さとは、この点は岩本先生のおっしゃるとおりだと思うのですが、地獄の深さとは、我々の無明の深さである。我々の存在の下に、地下深くあると説かれてあります地獄の深さとは、私どもの無明性の深さであり、罪を知らざることの深さなのです。そういう、まさしく無明の深さとしておさえらるべきことがらであると思うわけでございます。そこに、阿鼻地獄において、無明ということがみられてくる意味がございます。

無明ということにつきまして、いつから無明というものが、私をとらえたかということも思われるわけですが、それにつきまして、『大乗起信論』の中に、「忽然念起、名為無明」という言葉があります。無明とは、忽然念起するものである。

この忽然念起ということは、めざめてみれば本来であったという触れ方です。自らの無明性にめざめてみれば、私の生存をつらぬいて、本来無明であったということです。いつからということがない。触れたのはいま、めざめたのは信心に遇ったそのときですけれども、しかし遇ってみれば、それが私をつらぬいていた。無始曠劫であったという、そういう触れ方を、忽然念起ということでおさえているとみてよいかと思うのです。

その意味からいえば、地獄というものも、まさに忽然念起するものなのです。地獄一定というところにありますものは、地獄こそ私の生命の事実だと、私の生活の事実であり私の生命の事実だと。

その意味では、地獄とは絶対現実ということ。私の思いで、いろいろえがいている現実ではない。まさしくこの身が受けている現実です。地獄とは、そういう絶対現実、それは、信心においてめざめたとき、本来なる私の世界として見いだされてくるのです。信心の智慧なくして地獄に遇うということはない。

そんなものには遇わなくともよい、というようなものかもしれませんが、しかし、そこに遇わない限り、私というものに遇わないのです。つまり、私の地獄に遇わない限り、私の生は流転だということがある。そういうところに、地獄の順序次第ということが、語られてきている意味がみられるかと思うわけであります。

第五章 三悪趣

一、大きな願い

地獄というものは、信心の智慧に明らかにみえてくる私の絶対現実というもの。私の現実の重さというものであるということに対して申しますならば、極楽というものは、信心の智慧にみえてくるその法の世界というもの、それが極楽という世界です。

その場合、自分の中に地獄というものがうなずかれてくると同時に、極楽というものが仰がれてくる。地獄の深さをみるその眼（まなこ）に応じて、極楽が仰がれてくるのであります。つまり、地獄と極楽は同時にみえてくる。このわが身の中に、地獄をうなずいていける、その光明というものが極楽の力であります。

たとえば、『観無量寿経』に韋提希夫人が、わが子阿闍世によって牢に押し込められる。そして耆闍崛山の釈尊に救いを求めるわけでありますが、その韋提希の心に応じて牢獄に現れる釈尊の相をみて、韋提希は五体投地するのです。

善導大師が「欣浄縁」とよんでおられるその一段をみますと、そこに韋提希は、まず「無憂悩処」を求める。「我がために広く憂悩なき処を説きたまえ」と求める。その言葉と結びつけて、「閻浮提・濁悪世をば楽わず。この濁悪処は地獄・餓鬼・畜生盈満し」と、ここに地獄・餓鬼・畜生という「三悪趣」が厭われているわけでございます。

「無憂悩処」ということを、善導大師は韋提希の「通請」という言葉でおさえておられます。「通請」というのは、漠然とした願いということです。自分の求めたい方向ははっきりとしているけれども、その世界がどういう世界か、自分が求めずにおれない世界というものの具体的な相というのは、釈尊の教えを通さなければわからない。

ですから、そこに「光台現国」で諸仏の世界をみせられた韋提希が、はじめて極楽世界を求めるという。それを善導大師は、「別選」とおさえられています。

自分自身にも言いあてられない大きな願いが、韋提希の中に動いてきた。そこに韋提希は、求めずにはおれなくなる。それがどういう世界かは言いあてられない。しかしそれが、諸仏の浄土をみせしめられることを通して、はじめてはっきり言いあてられたということです。私の求めていたのはこれだったと。そこに明らかな自覚となる。無憂悩処を求めるということが、自分のいま生きている現実の世界というものを、地獄・餓鬼・畜生の満ち満ちた、そういう世界として深く厭（いと）わしめる。

信心の智慧において、地獄と極楽が同時にみえてくるのです。まず地獄がみえて、それから極楽と、そういうことではない。私に地獄を知らしめるものが信心の智慧です。ほんとうに地獄としていたまれるのは、信心の智慧によるのです。地獄とうなずかれるところには、信心の智慧がひかっている。

二、無三悪趣の誓い

ここに地獄・餓鬼・畜生という言葉が出ているのですが、三悪趣と申しますけれども、その三悪趣をなからしめんという、〝無三悪趣〟ということが、四十八願のいちばん最初になるわけです。つまり、四十八願の第一願が「無三悪趣の願」であります。

『無量寿経』というのは、現在、五存七欠と申しまして、それぞれ異なった年代に翻訳をされた『無量寿経』があり、現在でも五つ残っているわけです。いちばん古いのが『平等覚経』ですが、それから『大阿弥陀経』。これはどちらも本願文が二十四しかございませんので、「二十四願経」といわれています。それから『荘厳経』と申しますのが三十六願。そして『如来会』という経典と、私たちの正依の経としていただいております『大無量寿経』(『仏説無量寿経』)、これが四十八願です。

同じく本願が説かれてあるのですけれども、それが、二十四願、三十六願、四十八願となってきている。安田理深先生のお言葉をかりれば、本願そのものが展開しているということなのでしょう。

だいたい、二十四願とか、三十六願とか、四十八願と申しましても、本願そのものはただ一つなのです。願われているものはただ一つ。一切の衆生を救うということの他にはないのです。その、四十八願のすべてにおいて願われていることは、このこと一つだということを明らかにしてくださいましたのが、善導大師の「本願加減の文」であります。文字の上からいいますと、経典にない言葉を加えたり、また、経典にある言葉を削ったりしてお書きになっておられますので、「加減の文」と申しておりますが、その意義は、曽我量深先生が「本願のいちばん根本を復元された文」、復元の文だとおっしゃっておられますように、本願の原のすがたを復元されたというところにあります。

ともかくそこに、たった一つのことをほんとうに成就するために、四十八に展開してきた。つまり、人間の問題に応じて本願が二十四となり、三十六となり、四十八として誓われてきたわけです。数がふえてきたのは、一つの本願が人間の問題に応えてきたことによるわけです。

そういうことがそこにあるわけですが、この五つのどの経典におきましても、「無三悪趣の願」ということ、これは全部の経典に出ている。残っていますます五つの経典に説かれている本願の数が違いますから、こちらにはあるけれども、こちらにはないというような願文はいくつかあるわけですが、無三悪趣ということだけは、この五つの経典の本願文のどれにも出ている。そればかりでなく、五つのどれにあっても第一願なのです。ここから出発している。

そのことから申せば、国に三悪趣なからしめんということが、浄土建立の出発点でございます。逆にいえば、三悪趣というものが、浄土なき世界、国土なき世界なのです。

三、餓鬼

この三悪趣の中の地獄というのは、インドの〝ナラカ〟(Naraka)という言葉がもとですが、直接の意味は「苦具」ということ。苦しみがそなわっていると申しますか、「不得自在」という、自在を得ざる相(すがた)、縛られてある相というものが、地獄を表しています。

それに対して餓鬼というのは、インドの〝プレータ〟(Preta)という言葉がもとでありまして、言葉そのものの直接の意味は、「逝けるもの」ということだと教えられてあります。

この餓鬼に三種ありということがいわれてあります。一つは「無財餓鬼」。これはふつうに考えられておりますす餓鬼の相です。まったく食べる物も、飲む物もなくて、たえず飢えている存在でございます。それに対して、「少財餓鬼」というのがありまして、ちょっぴり食べる物がある。『往生要集』などに出てくるものをみますと、膿とか、血とか、それに他人が飲んで、そのときに唇から落ちるしずくだけが飲めるとか、何かちょっぴり口にすることができる餓鬼の相がございます。

そしてもう一つは、「多財餓鬼」というのがございます。ですから、無財に対して、あとの二つを「有財餓鬼」とよぶこともあります。多財餓鬼というのは、他人が施したもの、食べ残したものを食べられる。この多財餓鬼は、おもしろいことに「天の如くに富楽」といわれます。非常に富み、楽しんでいると。天上にいる如くに食べる物に富んでいる。しかもそれが餓鬼である。

ですから、餓鬼といいますのは、飢えている相だけを思うのですけれども、なくて飢えているのと、あって飢えているのとの両方がおさえてございます。

『大無量寿経』（下巻）の中の「三毒段」に、三毒の最初に貪欲がでています。そこに、「尊もなく卑もなし。貧もなく富もなし。少長男女共に銭財を憂う。有無同然なり」（聖典五八頁）とあります。尊いものも、卑しいものも、貧しいものも、富めるものも、ともにお金のことに心を労している。貪欲に苦しめられているそのことは、有無同然なりと。持っているものも、持たざるものも同じである。持たないものだけが、貪欲に苦しんでいるかというとそうではない。たくさん持っていることで、いよいよ貪欲に苦しんでいるものがある。「田あれば田を憂う。宅あれば宅を憂う」（同前）という言葉が出されてあります。つまり、餓鬼というのは何かと申しますと、田とか、財産とか、そういう自分の外のものをもって自分を満たそうとしている相が餓鬼なのです。しかし外のもので自分を満たすということは、逆にいえば、自分自身がなくなっていくということです。外のものをいっぱい自分の中につめこめば、自分自身はなくなるのです。

四、具足の世界

これは、ちょうどこのごろの文化住宅のようなものでございます。狭い部屋に文化製品がところ狭しと並んでおりまして、横になる場所もない。部屋の中いっぱいに道具がはいって、かえって人間が小さくなって生きているという。昔の生活は借景ということをしました。つまり自分にすべてとりこみ、閉じこめるのではなくて、自分を開いて、周りの自然、世界と一つになって生きていた。部屋の中にほとんど道具はないけれども、周りの山、川とともに実に豊かな広い生活をしていたのでしょう。

今日は、部屋や家をがっちりと固めまして、その中へなんでも自分のものとしてとりこむ。それによって身動きがならなくなっている。持つことで、いよいよ自分を失っているということがございます。

浄土の荘厳を語られます場合に、常に〝具足〟という言葉で語られてございます。

浄土は豊かな世界だと。豊かな世界というのは、宝が山のようにあるというのではない。具足している。つまり、必要なとき、必要なだけあるということなんです。

それは、言葉を換えて申しますと、具足の世界というのは、使いきる世界であるというようにいってもよいかと思います。我々は、物をかき集めますけれども、使いきれずに、ただ物に押しつぶされているのでありまして、そこに、持っているということと、使っているということとは違うのです。安田先生は、「打てば響くという在り方」が具足であるといわれております。

在り方というものを、もう一つおさえていえば、具足の世界というのは、あるだけで十分という世界なのです。あるだけで十分という心だけが、あるものをほんとうに使いきるのでしょう。そういう、浄土の豊かさとは〝具足〟の世界である。

それに対して餓鬼というのは、あればある、なければないで、そのことで常に自分を失っている。まさしく、有無同然なりということです。

五、幻の楽しみ

天親菩薩のお書きになりました『浄土論』の中に、「荘厳無諸難功徳（しょうごんむしょなんくどく）」ということがうたわれております。これを曇鸞大師が註釈されまして（『浄土論註』）、具体的には三つの難というものをあげておられます。その中におもしろいのは、子どものときに捨て子になった子どもが大きくなって、一丈四方にご馳走を並べて、侍女数百人を侍らせるような身分になるという相が、難としてあげられてある。考えてみると、これは非常な出世物語です。今日の言葉でいえば、そこまで根性を尽くして生きた根性物語でもあります。

いったい、なぜ難なのか。

それにつきまして、『論註』を註釈されてあります『顕深義記』という書物によりますと、この相というものを「夢中の患遂に幻楽をおこす」とあります。夢中の患というのは、今日的な言葉でいえば、深層心理というような、心の深いところにある怨念というように考えてもらってもいいわけですが、幼いときに捨て子になってひもじさに泣いておった。そんなことはもう意識にはないけれども、それが記憶よりも深く、私の心の中にしみこんでいる。その怨念のために、いつしらず貴重な一生というものを、たった一度の人生というものを、一丈四方にご馳走を並べて、侍女数百人を侍らして、それで喜んでいるというようなことで費やしてしまう結果になると。

私たちは自分の考えで一生懸命生きていると思っているけれど、その考えというものがすでに、それぞれそこにもって生まれた業というものをとおしてはたらいているのであって、そのために、ある意味ではまことにお粗末なことに血道をあげて一生を過ごしてしまう、ということになることがあります。

「夢中の患遂に幻楽をおこす」という、幻のごとき楽しみに、あたら一生を費やしてしまうという。どれだけ一丈四方にご馳走を並べたてても、実際に食べられるものはわずかです。侍女数百人を侍らせてみても、まことに空しい。しかも、そのことに一生を費やしてしまう。その夢をはたしてみても、それは幻楽である。

つまり、幻のごとき楽しみというのは、手に入れたときに空しくなる。ほんとうにその理想、夢を達成したときに、いよいよ喜びが心にあふれるかというと、それを手に入れたことで、かえって人生が空しくなってしまうのです。ほんとうの生きる力とか、歓喜とかは出てこない。ただ、わずかにそのときだけの自己満足をもつだけです。

一生懸命夢を追って、やっとの思いでその夢を手に入れたとたん、それが幻であったということに気づく。気づいたときにはすでに遅いということがある。多財餓鬼が、天のごとくに豊かでありながら、それが餓鬼だという。その天というのが、幻楽の世界です。

六、天上界

天上界というのは、私たち人間の夢が、人間的に満たされたのを天上界というのです。お金が欲しいという思いが、お金が入って満たされる。家が欲しいと思っていたときに、家ができた。天にも昇る喜び、心地がするというのですけれども、それは手に入れたときだけであって、やがて馴れてくると感激はうすれる一方です。幻の楽しみでございます。

ですから、地獄のいちばん深いところは無間地獄ですが、源信僧都は、天上界の苦しみは、地獄のいちばん深い苦しみ、さらにいえば、その地獄の苦しみの全部を合わせても、天上界の苦しみの十六分の一にも及ばないといわれます。逆にいえば、地獄の苦しみに十六倍する苦しみを天上界は受けるのだと。

地獄というのがいちばん厭うべき世界で、天上界はいちばん理想の世界と。地獄が最低で、天上界が最高と思うのですけれども、その天上界こそが、実は、地獄よりもっと深い苦しみにあう世界だと、こう書いてあります。そうでしょう。やっとの思いで手に入れた夢がはたされてみたら、それは幻であったという苦しみ。これは、どこへももって行きようのない苦しみなのです。

　地獄の苦しみは、手に入れられなくて苦しむということがあります。いろいろな苦しみにさいなまれている。しかし地獄の苦しみは、うめいたり、愚痴ったり、世の中を呪ったりできるのでしょう。けれども天上界の天人の苦しみは、もって行き場のない苦しみなのです。自分がひたすら求めてきた、それが夢、幻であったと知らされた苦しみです。

　ですから、餓鬼といいますと、無財ということばかり思いますけれども、多財餓鬼というもの、まとめていえば有財餓鬼というものも説かれている。そして、有財餓鬼は天上界のごとくに豊かな在り方をしている。しかもその在り方のすべてが、有財・無財をつらぬいて常に飢えている。そういう相として餓鬼が説かれているのであります。

七、畜生

畜生というのは、インドの〝ティルヤンチュ〟(Tiryañc)という言葉がもとで、「傍生(ぼうしょう)」とも訳されています。畜養される生類の意味であるということからいいますと、いわゆる家畜をさすとみられるわけですが、また「横行」とも訳されまして、横ざまに四つ足で歩く動物一般、さらには鳥類・魚類のすべてを意味するものとしても用いられています。その中で、これは畜養される生類という定義に関わってくると思われるのですが、『大毘婆沙論(だいびばしゃろん)』に「稟性(ひんしょう)愚痴にして、自立すること能わず」という言葉が出ていると指摘されていることに注意したいと思います。「自立すること能わず」ですから、いつも他人(ひと)にくっついて生きている。他人にもたれかかって生きているという在り方が、畜生であるということです。

そのことから申しますと、畜生のもとにありますものは、人生に対する甘えでございます。人生に対して甘え、自分に対して甘えるという。そういうものが、またいつも他人に対していちばんに腹をたてている。甘えて育てられた子ほど、わがままな道理です。畜生というと、そこに争うということが出てくるのですけれども、その争いのもとにあるものは、実は甘えでありま す。

『往生要集』におきましては、直接そこにあげてありますものは、一に禽類、二に獣類、三に虫類とありますから、畜生というのは、直接的には動物とか、虫とかをさしているわけであります。そしてそういうものは、常に怖畏をいだくと。つまり、お互いに食べ合い、殺し合っている。ひとときも心安まらない。源信僧都は、そういう相を注意しておられます。

ともかく、畜生というのは、いちおう動物というようなことなのですが、同時に、私たちの六根を六獣でたとえる。そういうことが『阿含経』に出てまいります。それによりますと、眼根が犬、耳根は鳥、鼻根は蛇、舌根は狐、身根は鰐、意根は猿によって表すのであると。

つまり、それは私の存在を構成している機能というものですが、その在り方を、この六つの獣を一本の杭にいっしょにつないであるという相でかたどっています。その六獣を一本の杭につないでおくと、犬は村へ向かってかけていこうとする。鳥は空に飛び上がろうとする。蛇は穴に入ろうとしますし、狐は塚の間にかけこもうとし、鰐は湖に、猿は山林に入らんとする。そのように、六獣がそれぞれにてんでんばらばらに自分の好きな方向に行こうとして、お互いの綱がからみ合って、結局どれも自分の望むところに行けないで終わる。そういう相を『阿含経』の中に説かれてございます。

そうしてみますと、畜生というのは、さきほど申しましたように、傍生であり、その意味は一口でいえば甘えるということですが、それは、自分の要求をするばかりで、そこにほんとうに人に聞き、人のことを思うという、そういう心の配慮をもっていない在り方を表すものといえます。

まさに今日は、人間がみな甘やかされている時代ということもいえるわけでございます。甘やかされるということは、結局こらえ性がなくなるということです。こらえ性がないということは、同時に、自分の要求というものを中心にして人生を生きようとする心でもあります。

ある人が、「人間の教養とは、常に相手のことを心の中に入れて考え、行為していける力をいうのである」とおっしゃっていました。相手のことが常に配慮できることだと。どれだけ知識を身につけようとも、自分の周りの人のことを心の中に入れられないのは、教養がないのだとおっしゃっておられました。

その意味では、畜生というのは、教養のない存在。自分の要求というものだけを中心にして生きているもの。そしてそのもとには、自分に対してまことに甘く、人生に対してまことに甘い夢をいだいているという在り方がある。その甘えというものが、いよいよ人に対する要求を強くします。

結局、それぞれの要求がぶつかり合って、お互いに、ただぎすぎすした人間関係というものしか出てこなくなる。その意味では、文化の発達とともにいよいよ畜生になっていく。そういうことも思われるのでございます。

八、慚愧なきもの

畜生という言葉で、いまひとつ念頭にうかびますのは、『涅槃経』の言葉であります。それは、「無慚愧は名づけて「人」とせず、名づけて「畜生」とす。慚愧あるがゆえに、すなわちよく父母・師長を恭敬す。慚愧あるがゆえに、父母・兄弟・姉妹あることを説く」（聖典二五七頁）という言葉でございます。

さきほど申しました教養なきもののすがたというのが、慚愧なきすがたです。慚愧なきすがたにおける人との関わり方というものが、さきほどの幻楽という言葉に対していえば、幻想といってもよいのでしょう。つまり、他人のうえに自分の勝手な夢を描いて、そして自分の勝手な夢を要求している。自分の勝手な夢を相手のうえに押しつけ、その夢から人間をみている。

外道という言葉につきまして、私は自己の外なるものをもって自分の支えとする道。地位とか財産、運だとか神だとか、ともかく自己の外なるものをもって自分の支えとする。そういう在り方として外道の意味を受けとっているわけですが、蓬茨祖運先生は外道ということを、外からのみ、ものをみていく在り方だといわれます。

たとえば、自分の子どもをみます場合も、子どもそのものの生命というものをみずに、いわゆる学校の成績だとか、近所の評判だとか、そういう外のものをもって、ああだこうだという。いつも、子ども自身を内側からみずに、外から評価する。自分というもの、自分の人生というものも、外なるものをとおして評価している。そういう、外からのみみる在り方が外道であると、蓬茨先生が教えてくださっています。

九、思いに閉じこもる

その意味で、慙愧なき在り方、あるいは自分の勝手な要求をとおしてしか人に会わない在り方としての畜生の在り方というものは、まさしく外道的な在り方であります。いつも自分の要求からのみ相手をみる。しかもその要求は、勝手な要求です。勝手な要求を相手にかけて、相手が要求に合わないと、それに対して腹をたてる。常にそういう在り方を続けている。

私は、四年前に父を亡くしたわけですが、なるほど死なれてみてはじめて出会えるということを体験しました。生きております間は、子として親に要求を先にたてている。死なれてみて、こちらから要求のしてみようがなくなってみて、はじめて父のそのときそのときの気持ちというものが、自分が同じ生活を歩み出してみてわかってきたということがあります。死なれたらもう会えないわけですけれども、しかし、生活の事実としては、死なれてみてはじめて出会うということがある。自分の一生の歩みとともに、常に新たな出会いが、父との間に少なくともこの四年間に、いろいろな形で体験されたのです。

「慚愧あるがゆえに、父母・兄弟・姉妹あることを説く」（聖典二五八頁）ということは、慚愧あろうとなかろうと肉親というものはある。あるけれども、その肉親がいちばんみえない。肉親に対して、我々は常に自分の要求というものをとおしてしかみない。そこに慚愧においてはじめてその人と出会うのだということですね。

ですから、地獄・餓鬼・畜生に一貫しますものは、『大無量寿経』の言葉では、「三毒・五悪段」のところにくり返し出てまいります「心塞意閉」ということです。心ふさがり、意閉じるということです。

第六章 地獄一定

一、国土の発見

そういう閉塞、自分の思いに閉じこもって生きている在り方というものが、三悪道をつらぬく在り方。地獄・餓鬼・畜生をつらぬく基本的な相というものは、私たちが自分勝手な思いに閉じこもって生きているということ。思いに閉じこもることにおいて、みんなばらばらに生きている。『大無量寿経』では、「独生独死(どくしょうどくし)」という言葉が関連して出てきます。孤独に生死する。ただひとり生死するという。

それに対しまして、『大無量寿経』の中に、浄土の世界、念仏の世界というものを「心得開明」という言葉で表されています。心開かれるという。あるいはもっと具体的に「耳目開明」とも出ています。耳が開け、目が開ける。

耳が開けるということ、言葉が通じるということでしょう。言葉が通じるということは、心がかよい合うということですね。そして、目が開けるということは、事実のありのままがみえるということでございます。

さきほど申しました、幻想が破れて、自分勝手な押しつけの夢が破られて、そこにはじめて相手がほんとうにその人自身としてみえてくる。子どもが子どもそのものとしてみえてくる。そういう、心がかよい合い、ありのままがみえてくるという、それが「心得開明」であります。

今日、連帯という言葉が使われていますが、そういう人間としてのつながりですね。ですから浄土というのは、もうひとついいますと国土ということです。国土を見いだすということは、すべての人と友として出会う場、出会える場を見いだす。それが国土の発見であります。

つまり、自分が人間になるということは、人を人間としてみることなのです。人を人間としてみることなしに、自分が人間として生きられるはずはない。けれども私たちは、実際の生活におきまして、なかなかほんとうには人を人間としてみていない。肩書でみたり、成績でみたり、地位でみたりする。そのときには、自分もまた人間性を失っているわけです。

人を人間としてあつかわないときには、自分自身が餓鬼か、畜生か、何かになっているのでしょう。私たちが、すべての人とともに友として出会う。そのことが、自分がほんとうにめざめると申しますか、自分が自分になるということです。

私の友だちに、藤元正樹という人がいるのですが、その人が作りました俳句に「背き合いて群れ居て　それで寒雀」というのがありまして、とても心に残っているのです。みんなお互いに背き合い、争い合いながら、それならまったく一人になるかというと、一人になっていない。

お互いに歪み合いながら、やっぱり同じ世界におり、同じ家にいる。そして泣いたりわめいたりしながら「それで寒雀」。〝それで〟というところに、僧伽を見いだしたといいますか、国土を見いだした確かさというものをうたっていると思うのです。

二、独立者

考えてみますと、私たちは互いに背き合いますけれど、いつも個々の人を、特定の誰かが憎いとか、あいつが憎いということをいうのですね。けれども、人間そのものをほんとうに厭うというまでには深まらない。いつも、あの人この人が憎いといって、人間そのものが憎いというわけにはいかない。そこまで私たちの眼は深まらない。人間そのものを厭うといいましても、そこに自分というものをちゃんと残している。

人間を憎むという心が、徹底して人間としての自分自身を捨てるということがあるならば、逆にすべてに生かされている自分に出会うのですけれども、私たちは、ただ具体的なあの人この人を、いつもああだこうだというだけで、そこに人間そのものをみていない。だから、その人がいなくなれば楽になると思うわけですが、その人というのは、人間の一つの相であって、人間といっしょにいる限り問題はちっとも変わってこない。

お互いにいつも争い合いながら、しかし事実としてそこにいるではないか。お互いに背き合い争い合っているけれども、事実として同じ世界に住んでいるではないか。そこに背き合いながら、しかも群れている。ある意味では、群れているから背き合うのでしょう。

安田先生は、国土を見いだすということは、独立者になることである、浄土とは、すべての人を独立者にする道だといわれます。その独立者とはどういう存在かというと、すべての人と平等に出会えるということであると教えられております。

つまり、すべての人と友として出会うということです。ほんとうに自分というものをもっている人は、すべての人と平等に出会える。けれども私たちは、あいつはいいがこいつは嫌いだというように好き嫌いがあり、会える人と会えない人をもっている。会えない人を作ることで、自分自身で自分の世界を狭くし、重苦しくしているということがございます。

心得開明という、心が開かれ明るさをもつということが、国土の徳として『大無量寿経』に説かれてあります。つまり、浄土を見いださなくても人間であるというわけにはいかないのです。浄土を求めても、求めなくても人間であるというわけにはいかない。その意味では、浄土というのは人間が人間になる。どんな人でも独立者になっていける。そういう世界を浄土としていいあてられているのです。

すべての人びとが、どんなに才能が異なっておろうと、どんなに境遇が異なっておろうと、その身に受けている才能、境遇のままにほんとうに自分の生命（いのち）というものを尊重していける。そういう心を一人ひとりに与える場が、国土という名で誓われてあるわけです。独立者というのは、そういう自分で自分を尊重できるということです。

三、死ぬ日まで

外道というのは、いつも外側から自分をみている。その外から自分をみる心が〝慢〟であります。慢というのは、他人との比較の心ですけれども、自分より下の人をとおしてみたときは優越感（増上慢）をもちますし、自分より上の人を、自分より恵まれている人をとおしてみれば劣等感（卑下慢）をもちますし、反発心をもったりもします。いつも自分を外をとおしてみている。そこには慢というものが除かれずにいる。

それに対して独立者というのは、そういう慢が破られるということです。つまり、自分で自分の生命をほんとうに尊重できるということです。人より上だから尊重できるのでなく、あたえられている生命というものを、自分でほんとうに尊ぶことができる。

これも、藤元正樹氏が作った句なのですが、「死ぬ日には　死なせてもらう　寒椿」。これは逆にいいますと、死ぬその日まで生ききるということをうたっているわけです。

死ぬということはもうまかせたと。思いわずらわずとも死ぬときがくるのだし、どんなにあがこうと、死ぬときは死ぬようにして死んでいく。それまでは自分の力の限り生きる。そういう、ほんとうに生きるといいますか、生きぬくというところに心をおさえた句であると私は思うのです。

死ぬときはぽっくりと死にたいとおっしゃる方がよくおられます。しかし、死ぬときはあわてなくともちゃんと死ぬんでありまして、しかもそれは必ずやってくる。死ぬ死にざまはまかせた。ただ、最後まで生きぬくということが私には思われるのです。いつ、どんな死にざまをしても、たしかなものに出遇ったという、そういうことがあると思うのです。

この前、松任（現石川県白山市）の坂木恵定さんから『破局の展開』という書物をいただきました。その中に仙厓和尚の話が出ておりました。仙厓和尚が臨終のときに、お弟子方が遺言を求めた。そうしたら仙厓和尚が「死にとうない」と書いたというのです。弟子たちは、遺言が死にとうないでは困るので、もう一度遺言を求めた。すると仙厓和尚が、それならばと言ってそのうえに「ほんまに、ほんまに」と書いた。「ほんまに、ほんまに死にとうない」と書かれて、仙厓和尚が死なれたと書かれてあります。

私たちが泣いたり、もがいだり、わめいたり、そういうことで消えてなくなるような仏教なら、なんの力にもならないのでしょう。私たちがどれだけ迷おうと、どれだけわめこうと、私をつつんであるものが仏法なのです。

四、浄土にめざめる

つまり仏法というものは、迷悟、迷い悟りを超えている。迷い悟りは人間にあることとです。仏法は、迷っているものも悟っているものも、等しく内につつんでいるもの。ただ、その内にあるということを、ほんとうにうなずいたのが悟ったということでしょう。迷っているというのは、仏法のうちにあって、自分の思いにこもっている。自分の思いにしがみついているのが迷いなのです。

悟った人にだけ仏法があるのではない。仏法は、迷い悟りを超えて我々をつつんでいる。私たちがどれだけわめこうと、もだえようと、そのことで消えてなくなるような世界ではない。そういうたしかなものということを、仙崖和尚もいいたかったのでしょう。

浄土というのは、親鸞聖人の言葉でいえば、「地獄一定」（『歎異抄』聖典六二七頁）ということなのです。地獄が恐ろしくて求める世界が浄土ではない。地獄というところに立てるのが浄土なのであります。私をして地獄一定とうなずかしめるものが浄土なのです。

ですから、浄土において地獄が生きれるのです。浄土にめざめたが故に、地獄をゆうゆうと生きれるのでしょう。地獄というものが、私たちの絶対現実だとすれば、それは動かないことなのですね。ただ我々は、浄土の光というものに遇うことにおいて、地獄の縛を離れる。地獄によってがんじがらめになっているその思いが破られるということなのでしょう。地獄の中にあって自在だということ。ほんとうに地獄一定と生きていける。そういうたしかなものに出遇ったということです。地獄を恐れなければならぬようなものならば、どれだけ立派な世界だといっても、私にとってはなんの力にもならない。

　限りなくわが身を地獄一定のものとして、その生命を受け、生きさらしていくもの、そういう場というものにめざめたという。そこに浄土の発見といいますか、浄土にめざめたということがあるのでしょう。ですから浄土というものは、けっして私たちが地獄というものから逃げて、かけこむところのどこかの目的地ではない。

　そうではなくて、浄土というのは、この私をして地獄一定の人生を歩ましめる根拠なのです。自分の人生を歩ましめていく、たしかな依りどころなのです。

　浄土とはどこまでも足下に開かれてある根拠であって、これからさがしてそこへ行かなくてはならぬという、そういうどこかの目的地ではない。

五、願生心

地獄と極楽の関係というものを、捨穢欣浄という言葉と、欣浄厭穢という言葉で、親鸞聖人は区別しておられます。

捨穢欣浄ということは、自力の歩みだと親鸞聖人は教えられています。まず地獄の意識があって、地獄を逃れ捨てて逃げこむ場所として浄土を求める。目的地として浄土を求めているようなそういう歩みは、捨てるということ、厭離するということを第一とする歩みであります。しかもその場合、この世を厭い捨てたいと願うのは、それぞれ自分の体験、自分の思いによることであります。したがってそれは、あくまで自分の夢を追うすがたであり、その夢の満たされる世界として浄土を求めていくのです。

したがって、その歩みは、蓮如上人が「『極楽はたのしむ』と、聞きて、『参らん』と、願いのぞむ人は、仏にならず」（『蓮如上人御一代記聞書』聖典八七七頁）と仰せられている、その歩みなのでしょう。『教行信証』「総序」の文に「穢を捨て浄を欣い、行に迷い信に惑い、心昏く識寡なく、悪重く障多きもの」（聖典一四九頁）と示されてあるところの歩みであります。「捨穢欣浄」の歩みは、必ず「迷行惑信」におちいらざるをえないのです。ある意味で、自分の夢を追う在り方でありますから、そこに当然、迷い惑いが出てくるのです。

それに対して、真実の願生道とは、「欣浄厭穢」の歩みであります。次第が逆なのです。欣浄が第一です。浄土にめざめ、浄土に生きる。その歩みがおのずと、三悪趣の縛を離れしめる。浄土の徳が三悪趣を離れしめるのです。浄土は目的地ではない。浄土が歩ましめるのです。浄土に生きる願生心として、浄土が限りなく私をして私の現実を生かしめ、厭穢せしめるのです。浄土は、厭穢の歩みの根拠なのです。

したがって、さきほどの捨穢欣浄の歩みが、親鸞聖人が「厭離真実…厭離をもって本とす、自力の心なるがゆえなり」（聖典四三八頁）と明示されていますところの歩みであるのに対しまして、いまの「欣浄厭穢」の歩みは、「欣求真実…欣求をもって本とす、何をもってのゆえに、願力に由って生死を厭捨せしむるがゆえなり」（同前）と示されていますところの歩みであります。

第七章　たしかな歩み

一、苦と楽

もともと捨穢欣浄といいますが、捨穢ということは、必ずしも欣浄に結びつきません。厭世家は、必ずしも願生者ではないのであります。それに対しまして、欣浄は必ず厭穢せしめるのです。欣浄→厭穢のかかわりは自然であり、必然であります。願力自然であります。しかし捨穢→欣浄のかかわりは、どこまでもたまたまであります。はからずも、よき人に遇い、本願力にめざめえてのことであります。いずれにしても「願力に由りて」のみ、はじめて欣浄の歩みがはじまるのです。

極楽という言葉は、楽しみが極まると書いてありますが、その意味で申しますと、もっとも楽しみの多いところということになるのでしょう。

ですけれども、極楽というのは、最高に楽しいところということではけっしてないのでありまして、いわゆる、苦楽を超えたところという意味が極楽でございます。苦楽の世界の中で、いちばん楽しみ多いところというのならば、同じ三界の中でございます。そうでなくて、極楽とは、苦楽を超えるということです。

源信僧都の『往生要集』の中に、「苦といい楽といい、共に流転を出でず」という意の言葉がございます。流転ということは、言い換えますならば、我を忘れる、我を失うということなのですが、私たちは苦しい状態にありましても、愚痴を言うという形で我を失っている。と同時に、楽しい状態にあっても、その楽しみの中に我を忘れて、うかうかと過ごすわけでありまして、そこに苦しみといい、楽しみといい、いずれにしてもそういう我を忘れた在り方というものを出ていない。そうした我々の中に、我をよびもどす世界として極楽という言葉があるわけであります。

苦しみというのは、「自情に逼迫（ひっぱく）している状態」であるといわれます。私の感情、気持ちにとって、私のいまの状況が胸苦しく圧迫してくる。そういう状態として受けとめられるときが苦しみです。それに対しまして、楽というのは「自情に適悦」という在り方、自分の情にピッタリしているという在り方であります。

この場合「自情に」ということがポイントでありまして、それは、私にとって苦しい状況ということですね。けっして、世の中に苦しい世界というのがあるのではないので、事実は、一つの世界を私は苦しいものとして生きているということがあるのであります。ですから、同じような状態を、他の人は生きがいのある世界として生きているということもあり、また私自身にあっても、いままで苦しみしか感じなかったその世界が、いまは楽しい世界と感じられるようになるということもあるわけです。

同じような環境でありましても、そこに大きな問題をになって、生き甲斐をもって生きている人もあれば、逆にただ愚痴ばかり言って世を呪っている人もある。そのように、外側に私の「自情」を離れて、苦しい世界とか楽しい世界が色わけされてあるのではない。ただ与えられている状況というものを、私は苦しいものとして、あるいは楽しいものとして受けとり、生きているという事実があるということです。

それに対して極楽というのは、苦楽をほんとうに受けとめる。苦といい楽といい、そのいずれをもほんとうに受けとめていける世界を極楽というのです。苦楽ともに、それによって自分を忘れていくのが三界ですけれども、苦楽いずれにあっても、そのことによって自分というものをほんとうに受けとめ、自分というものをほんとうに生きていける。そういう世界を見いだしていく。

極楽とは、浄土ということですけれども、浄土とは、清浄の土という意味です。その清浄ということはどういう意味かと申しますと、清というのはそこにいるすべてのものが、満足自体している在り方をいうのですし、浄というのは、さきに申しました心得開明の在り方を意味しています。

二、存在のあいまいさ

周りに愚痴ばっかり言っている生き方というのは、どろどろと濁っておりますけれども、ほんとうに自分をひき受けて生きている在り方というものは、いちばんすっきりしているのです。ほんとうに自分の受けるべき状況というものを受けとめて、それを自分として受けとめていく。

金子大榮先生のお言葉に、「自から(おのず)を自ら(みずか)とする」というのがありましたが、与えられている状況というもの、これは、べつだん私が選んだわけでもない。私の思いを超えて、自から(おのず)与えられてあった状況ですね。その自から(おのず)

私のうえに与えられている状況というものを、自(みずか)らとして受けて立つ。

自分の業というものをひき受けて立った。ほんとうに自分の与えられた業を受けとめた相(すがた)というものが、清らかということでございます。

ですから、清に対するのは濁です。にごっているということです。この世は濁世である、五濁の世であるというように、濁ということで私たちの在り方を語られるのですけれども、その濁とは、にごっているということです。にごっているということは、そこにあるものすべてがぼんやりしているということですね。水がにごっているということは、水の中にあるもの全部が、ぼんやりとしか見えない。

つまり曖昧だということです。みんな曖昧に生きている。はっきりせず、ぼんやりとしている。何がぼんやりしているかというと、根本的には、自分にとって自分自身が曖昧だということです。濁世の濁ということの根本は、世の中がにごっているという前に、自分にとって自分自身が曖昧ではないか。

どうなれば自分がほんとうに満足できるのか、自分がほんとうに求めているものが何かわからない。わからんままで、いろいろな要求を周りに出しているのでして、そのためにあれも満足し、これも満足したけれど、結局、一生をふり返ればなんであったかというような、そういうことが我々の在り方となっているのでございます。

三、心塞意閉

濁とは、自分自身にとって曖昧だという。本来の自分というものが、わからぬままに生きている。わからんからこそ、いろいろなことに要求を出している。そういう、自分が曖昧である在り方が濁でございます。

それに対して清とは、自分がはっきりとしたということ。何がどうなったから満足というのではない。自分の在ることが、ほんとうに受けとめられた。私の生きていることのよろこびがそこに見いだせた。自分自身にほんとうに立てたということが、満足自体ということでございます。

それに対して浄ということは、穢ということに応えています。浄土に対して、穢土というのですけれども、穢という言葉は、仏教では執着されてある在り方をさすのです。けがれているというのは、執着にけがれている。つまり、人間の生きざまにしろ社会の在り方にしろ、すべてを自分の思いでとらえている。そして、自分の思いを後生大事にかかえている。それぞれ自分の思いに閉じこもる。さきほど申しましたように、『大無量寿経』の「三毒・五悪段」のところでくり返し出てまいります「心塞意閉」という意味です。考えてみますと、人間どんな苦しみに会いましても、そこに語るべき友をもっているあいだは、人間は絶望しないものです。どんなに苦しい問題にぶつかっておりましても、それを共に語り合う友をもち、世界をもっている人は、けっして絶望することはない。

　ですけれども、誰に言ったってどうなるものかという、自分の思いに閉じこもったとき、人は絶望する。たとえ苦しい事実でありましても、事実によって人は絶望することはないのです。その事実を受けとめる思いによって絶望するのです。心閉じ、思い閉じたときに人は救いのない、抜け場のない、そういう在り方の中におちこんでいく。

四、心得開明

　それに対して浄土というのは、これまたさきに申しましたように、『大無量寿経』の中にあります「心得開明」の世界であります。

　それは、苦楽共にということから申しますと、苦しみにおいて自らの事実を受けとめ、楽しみにおいて人と共に出会っていける世界ということです。

そういう生き方といいますか、心が開かれてくる、その世界が浄土として教えられてある。

私どもが浄土を見いだし、常に浄土というものを心の依りどころとして生きていくということは、苦しみにおいて常に自らを明らかに受けとめ、楽しみにおいて常に人と出会う、自己自体に常にかえり、同時に共に人びとと心かよい合わすという、そういう生き方というものが私どものうえに開かれてくることです。そういうところに、浄土の徳というものがあるのであろうと思われるわけです。

少なくとも私たちにとりまして、その二つのことが私たちの生きざまの中に開かれなければ、ほんとうに自らの生涯というものを十分に生ききることができないのでないか。一つには、自分の事実をどこまでもひき受けていける、そういう場所をもつということ。同時に、すべての人びとと喜びを共に分かち合っていける心が開かれてくるということです。

そういう清浄ということで、浄土、すなわち極楽ということが語られているわけでございます。けっして苦しみを切り捨てて、楽しみだけにこだわるというのが極楽じゃない。そんなものならば、それは迷いの相でしかない。

五、得涅槃分

なお、この清浄ということにつきまして、曇鸞大師はその『浄土論註』の清浄功徳の一段におきまして、「不断煩悩得涅槃分」という言葉を出しておられます。浄土の徳として我々に開かれてくるものは何か。それは、不断煩悩得涅槃分の世界というものだと教えられてあります。「凡夫人の煩悩成就せるありて、またかの浄土に生まるることを得れば」という言葉がその前におかれて、そして「煩悩を断ぜずして涅槃分を得」（聖典二八三頁）とあるのであります。

ご承知のように「正信偈」では、「不断煩悩得涅槃」とあります。〝分〟という字がありません。この〝分〟という字には、いろいろの意味がありますが、一つには「未円の義」。未円とは、一部分ということです。完全ではない。もしこの意味で使われれば、涅槃の一部分だけを身に受けるという意味になります。二つには「因の意味」。この場合では、涅槃の因を得る。まだ成就していないけれども、涅槃の因を得るという意味になります。

もう一つには、「分斉」の意味があります。分斉とはつまり、「その世界」という意味です。仏の分斉といえば、仏の世界。私たちは凡夫の分斉です。凡夫の世界ということです。いまの「得涅槃分」というのは、いうまでもなく分斉の意味です。涅槃の世界そのものという意味で使われております。ですから親鸞聖人は、分を削ってしまわれている。意味はまったく同じでございます。

煩悩を断ぜずして、涅槃の世界そのものを身に得るということであります。けっして、涅槃の一部分を得るのではない。また、涅槃の因だけを得るのではない。涅槃の世界そのものを得る。

六、煩悩に徹する

そこに、「凡夫人の煩悩成就せるありて」と前置きされているのは、「煩悩具足の凡夫」ということですが、私たちは「凡夫でございまして」とか、「煩悩いっぱいの身で」と簡単に言うのですけれども、考えてみますと、煩悩具足ということは大変なことでございます。とくに、煩悩を生きるなどというのは、よほどの力のある人なのです。よほど勝れた人でしょう。

たとえば、煩悩の中の貪欲(とんよく)ですが、貪欲に徹して生きるというのは、よほどの精神力をもたないと生きられない。なかなか徹するということはできない。体面も考えますし、世間づらも考えます。あらゆる心身の苦痛に耐えて、貪り(むさぼ)に徹するということは、これはよほど根機の勝れたものです。

我々は、煩悩具足といいますけれども、煩悩にも徹して生きたことがない。あの煩悩、この煩悩を小出しにして、ちょびちょび生きているのでして、その意味では、自分をとりつくろう煩悩をいちばんよく発揮して生きている。自分をとりつくろう煩悩というのは、なんにも生み出さないのでありまして、底が破れるということはないのです。

貪欲に徹して生きれば、同時に他人からの非難を受けますし、そこに人間としてのぎりぎりの状態にまで追い込まれるということもあるのですけれども、私たちは、とりつくろう煩悩しか使わないものですから、いつもなんとなくまあまあで生きている。ですから、煩悩をもちながら、煩悩をもむだにしているわけであります。

ですから、煩悩というものをほんとうに徹して生きた人が、阿闍世(あじゃせ)・韋提希(いだいけ)という名で残されているのです。『涅槃経』の中に、阿闍世という名前について、一切の煩悩を具足せる者に及ぶ名であると説かれてあります。阿闍世という名前は、ただ個人の名前だけじゃない。我々に代わって、煩悩に徹して生きた人の名前なのです。いつも煩悩を小出しにしてとりつくろってばかりいる私たちの煩悩が、いかに根深く、いかにすさまじいものかを、私たちに代わってその身に徹して生きてくださった方の名前が阿闍世だと。その意味で阿闍世という名前は、一切の煩悩を具足せる者のすべてに及ぶ名前である。

私たちはすべて、かけねなく煩悩を具足している。親鸞聖人の言葉でいえば、縁あればいかなるふるまいをなすかわからない在り方をしている。ただ私たち自身は、とりつくろいの煩悩でしか生きていませんから、縁あればいかなるふるまいをもなすといいましても、まことにけろっとしているのですけれども、煩悩がいかに根深いものであり、いかにすさまじいものか、その煩悩の深さというものをほんとうに知った。そこに、縁あればいかなるふるまいをもなすということの、厳しい響きというものがこめられてあると思います。

七、生死即涅槃

もともと煩悩即菩提（ぼんのうそくぼだい）、生死即涅槃（しょうじそくねはん）ということ、これはおよそ仏教全体を通じていわれることであります。これを明らかにしたところに、あらゆる宗派を通じての仏教の智慧というものがあるのですけれども、ただし、念仏の教えに生きるものにありましては、けっしてこの世でこの身のうえに、ただちに煩悩即菩提、生死即涅槃ということはいえない。この世にこの身をもって生きている限り、煩悩即菩提とはいえない。

ですから曇鸞大師は、「かの浄土に生まるることを得れば」といわれているのであります。浄土の徳として煩悩即菩提、生死即涅槃が成り立つのであります。この世にこうして生きているこの身のままで、煩悩即菩提ということはけっしていえない。

　煩悩即菩提、生死即涅槃ということがいえなければ、人間の救いじゃないのだけれども、しかしそのことは、どこまでも浄土の徳において成り立つのだという。そういうことを知らせてくださっているのであります。親鸞聖人は「正像末和讃」の中で、「弥陀の智願海水に　他力の信水いりぬれば　真実報土のならいにて　煩悩菩提一味なり」（聖典五〇二頁）といわれてあります。そこにやはり、「真実報土のならいにて」という言葉がおかれてあります。

　真実報土ということをぬきにして、煩悩菩提一味ということはない。真実報土をぬきにして、このあるがままが生死即涅槃だ、そのままでいい、といわれてもどうにもならない。生死、つまりこの世に生きていくということは、そんなにたやすいことではないのです。

話がそれますが、私の父が四年前に亡くなったとき、いろいろな方におくやみをいただいたのですが、そのとき安田理深先生もおみえくださったのでありますが、父の枕もとに深々と頭を下げられまして、ただひとこと「ご苦労さまでした」とおっしゃっていただいた、そのことがとても強く心に残っているのです。

私もまだ若輩ですが、いろいろなお方のご生涯をみてまいりますと、人間として何十年生死するということは、ほんとうにご苦労なことだとしみじみ思うのです。何をしたからどうということでなしに、ただ生き続けるということだけで大変なことでございます。そこに、ただひとこと「ご苦労さまでした」といっていただける方があれば、亡くなった人の生命（いのち）はそこに受けつがれていくということを思うのです。つまり、亡くなった人の供養ということには、あとに残った人が「ご苦労さまでした」と言えるかどうかということにかかっている。それは、亡くなった人の生涯を受けとめたところから、私が生きていくということであります。

八、生死の重さ

その意味では、生死の価値が低くて、涅槃の価値が高いということではない。生死というのは大変なことだと思うのです。私たちの生きている事実をぬきにして涅槃をいってみても、それは意味がない。この身のままで生死即涅槃といってみても、そのときには生死ということも、涅槃ということも曖昧になってしまう。

しかし、私たちの生活の事実としては、生死はどうしようもない重さをもっている。つまり、仏法によっても消えない重さを私の生死はもっているのです。仏法を聞いたからといって、私の生死は消えてなくなるものではない。生死というものは、私一人以外に誰も代わるものがいない。私がこの全身で受けとめてきた重さがある。親・兄弟といえども、この私の生死に代わって受けるわけにはいかない。

ですからこのことでいえば、仏といえども私の生死を代わって受けるわけにはいかないのでしょう。その意味で、実は仏とは、一人ひとりの生死の重さに、ほんとうに頭を下げられた名なのです。仏とは、諸仏を生み出す力なのです。諸仏を生み出すとは、一人ひとりの生死の重さをほんとうに荘厳(しょうごん)するということなのです。一人ひとりの生死の重さを、ひとまとめにしてしまうのではない。

一人ひとりの、他の生死に代えることのできない、その重さというものをほんとうに受けとめて、それぞれに荘厳していける、そのように法を明らかにされたのが仏なのです。つまり、業の重さをほんとうに明らかにしてくださったということです。

ですから、煩悩と菩提、一つは迷いで一つは悟りですが、その事実の深さは同じなのです。煩悩の底が浅く、涅槃は深いというのではない。私の事実としていえば、煩悩に限りがない。だから、菩提も底がないのです。つまり、煩悩に底なしということが地獄一定ということなのです。

その地獄一定ということを、自分に受けとめていける力として身にうなずかれてくるのが菩提・涅槃なのであって、涅槃によって地獄一定がなくなるのじゃない。涅槃において、いよいよ地獄一定の身ということがうなずかれてくる。

曽我先生のお言葉でいえば、「無縁の大悲を感得するのは、無有出離之縁の自覚だ」と。つまり、地獄一定ということをほんとうに自覚する。わが身に出離の縁あることなしとうなずくことだけが、無縁の大悲をほんとうに身に感じとることができる。自分というものに、少しでも自信をもっているときには、無縁の大悲にはふれることがない。そのように、ほんとうに地獄一定とうなずいたものだけが、本願に深くうなずくのであって、本願にうなずけばうなずくほど、いよいよ地獄一定という身の事実というものに、素直に頭が下がるのです。

九、懺悔(さんげ)と讃嘆(さんだん)

いろいろと言葉を出すことは余計なことかもしれませんが、機の自覚と法の自覚とは一つなのです。ですから、機の自覚というのは、私はつまらぬ人間だというのではない。それならば、卑下慢にすぎないのでして、機の自覚とは、法の中に生きている私であるということのうなずきです。

これも曽我先生のお言葉ですが、「機の自覚とは、綽々(しゃくしゃく)たる心の余裕である」といわれます。機の自覚というと、なにか暗い、まさに袋小路に追いこめられたような、そういう相を思うわけですが、そうではない。機の自覚とは、どこまで堕ちてもいいという、たしかな世界にふれた、綽々たる心の余裕なのです。

ついでに言わせていただきますと、機の自覚の方は〝懺悔(さんげ)〟ですし、法の自覚の方は〝讃嘆(さんだん)〟でございます。自分をほんとうに懺悔するというのは、自分でするのではなくて、自分を超えたものにふれたとき、はじめてはからずもすべて頭が下がってしまうのです。ですから、懺悔ということは、讃嘆なしにはないのです。讃嘆のない懺悔だけならば、ただ暗い顔をしているだけなのです。暗い顔をしている限り、それは愚痴の一つなのです。あるいは頭を下げることで、自分の相を押し売りしているだけのことであります。

ほんとうの懺悔とは、讃嘆のはたらきなのです。同時に、逆に懺悔のない讃嘆ならば、ただ調子がいいというだけでして、なんの力もないということなのです。仏法における讃嘆が力をもつのは、内に懺悔をもっているからなのです。

ですから、六字の御名を称えるということは、即懺悔であり、即讃嘆なのです。私たちが念仏を称えるということは、即ち懺悔であり、即ち讃嘆である。この即ちというのは、念仏の半分が懺悔で、半分が讃嘆だというのではなく、念仏の全体が懺悔であり、全体が讃嘆であるということを意味しています。

どこまでも地獄一定に頭が下がればこそ、その事実に気づかしめた法への深い讃嘆があるのであって、だから六字の御名を称えることは、即懺悔であり、即讃嘆である。つまり、真実報土、浄土を私たちの生活の中にもつことにおいて、そこに、即懺悔、即讃嘆の生活が開かれてくる。そしてそこに、即発願回向(ほつがんえこう)、つまり不退転の世界が開かれてくるのであります。

十、たしかな道

この不退転の歩みということにつきましては、「行巻」に「睡眠(すいめん)し懶堕(らだ)なれども二十九有に至らず」（聖典一六二頁）というお言葉があげられています。これは、龍樹菩薩の『十住毘婆沙論』の中に出ている言葉なのですが、そのお言葉をもって、親鸞聖人が真実の行信のご利益というものを証してておいでになる。

二十九有とは、人界に七生、天界に七生、そして人界から天界への中間、いわゆる中有に十四生、合わせて二十八生、二十八有なのですが、言葉からいいますと、どれだけいねむりばかりしており、どれだけ怠けておっても、二十八有を終われば二度と迷わない身になる。二十八有の迷いは残すけれども、もうそれ以上、流転をくり返すことのない徳を身に受けるというのでありあります。二十八生もあれば、気の長い話だということになりそうですが、つまり、迷いに終わりを見いだしたということです。その終わりのたしかさというものを確信するということです。

この言葉は、龍樹菩薩の『十住毘婆沙論』の最初の方に出てきます文章によって述べられてあるお言葉でございますが、そこでは続いて「一毛をもって百分となして」、つまり非常に細い毛ですね。一本を百分したようなその細い毛をもって、「大海の水を分かち取るがごときは、二三渧の苦すでに滅せんがごとし。大海の水は余の未だ滅せざる者のごとし。二三渧のごとき心、大きに歓喜せん」。こういう言葉が、さきの言葉に続いて出ているのですけれども、実はこの読みは、親鸞聖人がご自分のご了解をもって読みかえられた文章なのであって、龍樹菩薩のお書きになったものの読みは、これとまったく逆なのです。

「一分の毛をもって大海の水若しは二三渧を分かち取るがごとし。苦の已に滅せる者は大海の水のごとし。余の未だ滅せざる者は二三渧のごとし。心大きに歓喜す」とあります。もとの意味では、大海のうちのほとんど全部をすでに滅してしまった。あと残っているのは二三渧のごとしと。

つまり、煩悩のほとんどを滅しつくして、あとのほんの二三渧のごとき煩悩を残しているにすぎない。だから、心大きに歓喜すと。ほとんど煩悩を断じつくしてきたという自力の歩みが、次第に終わりが近づいたということで歓喜するというのが、龍樹菩薩のもとの読みなのです。

しかし、親鸞聖人の場合は、逆に読まれて、煩悩はほとんど終わりがない。ただわずか二三渧を滅した。まだ滅していない煩悩は大海のごとくにある。その中で、わずかに二三渧を滅することができた。そこで心大きに歓喜する、というように意味がまったくかえられているわけであります。

いわゆる聖道自力の歩みから申しますと、煩悩を断じつくして涅槃をこの身に得るのだ。そして、自分の歩みが次第に深まって、大海のほとんどをつくした。あと残すところ二三渧だと。そこに不退転のよろこびがあるのだということになります。

それに対して親鸞聖人は、さきほどから申しますように、煩悩の深さ底なし。煩悩を断じつくすということは、この身にあるわけがない。そこに、煩悩の身のままで、煩悩の身を受けとめていく光を身に受けた。つまり、煩悩の身そのものを受けとめていく法に遇った。地獄一定ということを、ほんとうに言っていけるたしかな道に出遇ったという。そこに、心大きに歓喜するといわれるのです。本願力回向による住正定聚（じゅうしょうじょうじゅ）の世界ですね。それを聖人は、文章を読みかえることで教えてくださっているわけでございます。

浄土は清浄の世界である。その清浄の世界とは、不断煩悩得涅槃分の世界である。煩悩を断ぜずということは、煩悩終わりなしということ。その煩悩というものの重さというものに、ほんとうに頭が下がっていく。そういう頭の下がった世界。しかもそこに、煩悩のその身を生きていけるたしかな法があったという歓喜。そういうものが、浄土の徳としてあるのです。

ですから、我々にとって浄土を見いだすということは、一方には、限りなくわが身の煩悩に頭が下がっていくということであり、一方には、その煩悩の身のままでたしかに生きていく、そういう光を与えられるということが、教えられてくると思うわけです。

その意味では、地獄と極楽とは同じ大きな意味をもつのです。うちに地獄を見いださないものが、ほんとうに浄土にめざめるということはない。ほんとうに浄土にふれたものは、限りなくうちに地獄を見いだしていくのでしょう。

最初に申しましたように、うちに地獄を見いだすもののうえに、はじめて人間としての謙虚さが開かれてくるし、浄土にふれてくるそこに、人間としてのほんとうの勇気、ほんとうの智慧というものが開かれてくるのだということを思うわけでございます。

〈参考〉

八大熱地獄 （『正法念処経』による）

等活地獄	殺　生	この閻浮提の下一千由旬。縦横一万由旬。	四天王天の一日一夜（人寿五十年）その四天王天の寿（五百歳）を、この獄の一日一夜として、その寿五百歳。
黒縄地獄	殺　生 偸　盗	等活の下に在り、縦横前に同じ。 等活及び十六別処の一切の諸苦十倍して重く受く。	忉利天の一日一夜（人寿百歳）その忉利天の寿（千歳）を、この獄の一日一夜として、その寿千歳。
衆合地獄	殺　生 偸　盗 邪　淫	黒縄の下に在り縦横前に同じ。	夜摩天の一日一夜（人寿二百歳）その天の寿（二千歳）を、この獄の一日一夜として、その寿二千歳。
叫喚地獄	殺　生 偸　盗 邪　淫 飲　酒	衆合の下に在り縦横前に同じ。	兜率天の一日一夜（人寿四百歳）その天の寿（四千歳）を、この獄の一日一夜として、その寿四千歳。
大叫喚地獄	殺　生 偸　盗 邪　淫 飲　酒 妄　語	叫喚の下に在り、縦横前に同じ。 前の四の地獄、及び諸の十六別処の一切の諸苦十倍して重く受く。	化楽天の一日一夜（人寿八百歳）その天の寿（八千歳）を、この獄の一日として、その寿八千歳。
焦熱地獄	殺　生 偸　盗 邪　淫 飲　酒 妄　語 邪　見	大叫喚の下に在り縦横前に同じ。	他化天の一日一夜（人寿千六百歳）その天の寿（一万六千歳）を、その獄の一日一夜として、その寿一万六千歳。
大焦熱地獄	殺　生 偸　盗 邪　淫 飲　酒 妄　語 邪　見 犯浄戒尼	焦熱の下に在り縦横前に同じ。 前の六大地獄、及びその十六別処の一切の諸苦十倍して重く受く。	その寿半中劫。
阿鼻地獄	造五逆罪 撥無因果 誹謗大乗 犯四重 虚食信施	大焦熱の下、欲界最底処。 阿鼻城は縦横八万由旬。 前の七大地獄、並に別処の一切の諸苦を一分となして、それに千倍する苦。	その寿一中劫。

あとがき

本書は、かつて「地獄と極楽」という講題にてお話しされた宮城顗氏の講義録で、一九七九（昭和五十四）年に出版部より「同朋選書」として発刊したものを、あらたに再編集し文庫化したものです。

私たちは「地獄」や「極楽」ということを、死んだ後の世界や空想の世界といったように、今の自分とは関係がないものと捉えられることが多いのですが、しかし本書では、それらは私たちにとても大切なことを教えるために説かれた世界なのだということを、経典の言葉を引用しながら語られています。

本文には、

地獄において説いておりますす全体は、いかに我々が罪業の身であるかを、我々に自覚せしめる教えなのです。（八三頁）

といわれるように、仏教にであい、ほんとうに人生を歩む力を賜るということは、「地獄」という世界が、まさに自分自身を言い当てるものとして深く頷かれることであると教えられます。

生涯をかけて浄土真宗の教えと向き合われた宮城氏の深い学びから語られる言葉にふれ、浄土真宗の教えを一人でも多くの方に味わっていただければ幸甚に存じます。

最後に、このたびの文庫化に際して、ご快諾を賜りました宮城氏のご家族ならびに関係者の方々に心から御礼申しあげます。

二〇一五年八月

東本願寺出版

宮城　顗（みやぎ しずか）

1931（昭和 6）年、京都市に生まれる。

大谷大学文学部卒業。元真宗教学研究所所長。

真宗大谷派本福寺前住職。九州大谷短期大学名誉教授。

2008 年 11 月 21 日逝去。

著書に、『生まれながらの願い』、『宗祖聖人 親鸞 - 生涯とその教え』（上・下）、『真宗の基礎』、『真宗の本尊』、『生と死』、『人と生まれて』、『仏道に生きる』、『本願に生きる』、『和讃に学ぶ―浄土和讃・高僧和讃・正像末和讃』（全 3 巻）、法話 CD『汝、起ちて更に衣服を整うべし』（以上、東本願寺出版）等多数。

地獄（じごく）と極楽（ごくらく）

2015（平成 27）年 8 月28日　第 1 刷　発行
2017（平成 29）年 4 月 1 日　第 2 刷　発行

著　　者　宮城　顗
発 行 者　但馬　弘
発 行 所　東本願寺出版（真宗大谷派宗務所出版部）
〒 600-8505　京都市下京区烏丸通七条上る
TEL　075-371-9189（販売）
075-371-5099（編集）
FAX　075-371-9211
印刷・製本　株式会社京富士印刷
装　　幀　株式会社ケイエスティープロダクション

ISBN978-4-8341-0515-5　C0115